Maria Siegerin

Eine kleine Frau wendet
den Lauf der Geschichte

Karl-Heinz Fleckenstein

Be&Be

Heiligenkreuz 2018
www.bebeverlag.at
ISBN 978-3-903118-48-5

KARL-HEINZ FLECKENSTEIN

MARIA SIEGERIN

Eine kleine Frau wendet den Lauf der Geschichte

Be&Be-Verlag: Heiligenkreuz 2018
ISBN 978-3-903118-48-5

Das Werk einschließlich aller seiner Teile ist urheberrechtlich geschützt. Jede Verwertung außerhalb der engen Grenzen des Urheberrechtsgesetzes ist ohne Zustimmung des Verlags unzulässig und strafbar. Das gilt insbesondere für die Vervielfältigung, Übersetzung, Mikroverfilmung und die Einspeicherung und Verarbeitung in elektronischen Systemen.

Alle Rechte vorbehalten. Printed in EU 2018.
Gestaltung: AugstenGrafik, www.augsten.at

Be&Be

© Be&Be-Verlag Heiligenkreuz im Wienerwald,
www.bebeverlag.at
Direkter Vertrieb:
Klosterladen Stift Heiligenkreuz
A-2532 Heiligenkreuz im Wienerwald
Tel. +43-2258-8703-400
Fax +43-2258-8703-401
E-Mail: bestellung@bebeverlag.at
www.klosterladen-heiligenkreuz.at

*Für die Gemeinschaft der
„Familie Mariens", die durch ihre
Liebenswürdigkeit und ihr Gottvertrauen
am Heiligtum der „Frau aller Völker"
in Amsterdam das Leben von Maria ein
Stück lebendig werden lässt.*

Inhalt

Prolog 7

Der neugeborene Egoismus ruft eine
Schlangenzertreterin auf den Plan 13

Im Untergrund ein Zeichen der Hoffnung
für die Urchristen 21

In Ephesus wird ein Schatz für die
ganze Menschheit entdeckt 27

Eine Rose, die nie verwelkt 35

Ein Bild löst die grösste Massenkonversion
der Geschichte aus 55

Eine Waffe mit 59 Kugeln und einem Kreuz
entscheidet die Seeschlacht von Lepanto 77

Eine Kampfparole befreit Wien von der
Türkenbelagerung 87

Ein Degen für die Madonna 93

Eine schöne Dame verrät ihren Namen 103

Eine atheistische Regierung kapituliert vor
drei Hirtenkindern 127

Ein Papst beeinflusst das Denken des
kommunistischen Parteichefs................... 163

Ein Staatsoberhaupt kämpft auf den Knien
um Tausende von Kriegsgefangene............. 197

„Gebetssturm" gegen eine Besatzungsmacht...... 211

Die Frau aller Völker 227

Ein Schwert verwandelt sich
in den Rosenkranz............................. 255

Der Sieg am Ende der Zeiten
hat schon begonnen............................ 265

Bildnachweis................................. 288

Quellenangaben 292

Der Autor.................................... 295

Prolog

Wer mit dem Auto ein unbekanntes Ziel ansteuern will, verlässt sich am besten auf sein Navi. In der Tat ist so ein modernes Navigationssystem kaum noch aus unserem modernen Leben wegzudenken. Nun stellt sich die Frage: Gibt es in der Geschichte der Menschheit auch so ein wegweisendes und Hoffnung schenkendes Navi? Das nicht nur ein Abweichen vom richtigen Weg anzeigt, sondern auch zum Zielort führt? Dieses Navi gibt es. Es ist kein Gerät, vielmehr eine Person. Nämlich die Mutter Jesu. Als historische Maria wird sie durch die Evangelien als die einfache Frau bezeugt, die „nur" im Vertrauen auf Gottes Beistand ihren Dienst geleistet hat und viel Leid erleben musste. Damit hat sie uns in ihrem irdischen Dasein vorgelebt, was Christsein bedeutet: Rückgrat zu zeigen und sich für das Gute einzusetzen. Sie hat aber auch im Laufe der Geschichte als Navigator weiter gewirkt und tut es bis heute noch, wenn sie uns anzeigt: „Bitte wenden!" Damit will sie die Menschheit zu einer erfüllten Lebensqualität im Geist des Evangeliums führen: durch ein aktives Handeln der

Barmherzigkeit. Durch die Pflege eines einfacheren Lebensstils. Indem wir Verantwortung für die kommenden Generationen übernehmen. Indem wir Verfolgten und Flüchtlingen beistehen. Das Navi Maria ruft der Menschheit zu: „Habt den Mut zum Wenden!"

Damit lässt sich Maria nicht nur auf „religiöse Träumer" reduzieren. Kaiser, Könige, Staatsmänner, anerkannte Personen des öffentlichen Lebens haben sich auf Maria besonnen und sich zu ihr, zu ihrem Beistand und ihrer Hilfe bekannt, die sie über die Jahrhunderte hinweg den Menschen gebracht hat. Die Geschichte hat Beispiele genug dazu aufzuweisen, wie das Konzil von Ephesus, die Madonna von Guadalupe, die Seeschlacht von Lepanto. Mit dem Schiff „Santa Maria" hatte Kolumbus Amerika, die Neue Welt, entdeckt. In der Neuzeit zeigen die Erscheinungen von Lourdes, die Botschaften von Fatima, das Ende der Stacheldrahtgrenzen in den osteuropäischen Staaten, dass Maria auch heute gegenwärtig ist.

1,5 Milliarden Christen kennen Maria aus der Heiligen Schrift, 900 Millionen Muslime aus dem Koran. Selbst den meisten jüdischen Gläubigen ist Maria keine Unbekannte. Mehr als 100 Millionen

Menschen tragen den Vornamen Maria in all ihren sprachlichen Abwandlungen wie Marie oder Mirjam. Berge, Täler, Seen, Burgen sind nach ihr benannt. Sogar ein Asteroid trägt ihren Namen. Beispielsweise bringt das Suchwort „Maria" bei Google mehr als 1,7 Milliarden Ergebnisse. Wen wundert es, wenn Tausende berühmte und anonyme Komponisten ihr „Ave Maria" vertont haben! Keiner anderen Frau auf dieser Erde wurden seit 1700 Jahren von Millionen von Künstlern so viele Bilder und Kunstwerke gewidmet. Das älteste bekannte Marienfresko stammt aus dem 3. Jahrhundert. Man findet es in der Priscilla-Katakombe in Rom. Ihr Bildnis hat man auf Briefmarken gedruckt und auf Münzen geprägt. Maria hat viele Gesichter, jedoch nur ein Mutterherz. Und das ist für alle da. Ganz gleich, welche Hautfarbe jemand hat, aus welchem Volk er stammt. Deshalb sind ihre Darstellungen so vielfältig wie die Völker und Ausdrucksweisen der Menschen rund um den Erdball. Eine davon ist das Bild „Maria, die Knotenlöserin" in der Kirche St. Peter in Augsburg. Der Kanoniker Hieronymus Ambrosius Langenmantel hatte es um 1700 zum Dank malen lassen, nachdem eine Ehekrise seines Großvaters einen guten Ausgang genommen hatte. Papst Franziskus entdeckte das Gnadenbild während seines Studiums an der Theologischen Hochschule in Sankt Georgen, als er 1986 als Jesuit die Ordensgemeinschaft seiner Mitbrüder in der Augsburger Innenstadt besuchte. Daraufhin brachte er eine Anzahl von Karten mit der Darstellung nach Argentinien. Von dort verbreitete sich das Bild in Lateinamerika weit über sein Heimatland hinaus. Dazu sagte Franziskus am 12. Oktober 2013: „Der Glaube Marias löst den Knoten der Sünde. Wenn wir nicht auf Gott hören, nicht seinem Willen folgen, bilden sich Knoten in unserem Innern. Diese Knoten nehmen uns den Frieden und die Gelassenheit. Sie sind gefährlich. Denn mehrere Knoten können zu einem Knäuel werden, das immer schwieriger zu lösen ist. Aber für Gottes Barmherzigkeit – das wissen wir – ist nichts unmöglich! Auch die verworrensten Knoten lösen sich mit seiner Gnade. Und Maria hat mit ihrem Ja Gott die Tür geöffnet, damit er die Knoten des Ungehorsams löse. Sie ist die Mutter, die uns mit Geduld und Zärtlichkeit zu Gott führt, damit er die Knoten unserer Seele mit seiner väterlichen Barmherzigkeit löse."

Im Folgenden lade ich Sie ein, liebe Leserinnen und Leser, mit mir die Spuren Mariens durch zwei Jahrtausende zu verfolgen, wie Maria im Laufe der Geschichte die Knoten der Menschheit gelöst hat.

Karl-Heinz Fleckenstein

Der neugeborene Egoismus ruft eine Schlangenzertreterin auf den Plan

Am Anfang der Menschheitsgeschichte war alles „sehr gut", heißt es im ersten Buch der Bibel (Gen 1,31). Da hatte alles seine Ordnung. Das Verhältnis Gott – Mensch, Schöpfer – Geschöpf. Es stimmte einfach. Der Mensch konnte sich seines Lebens sicher sein. Weil er sich in Gott geborgen fühlte. Einfach paradiesisch. Doch das reichte dem Menschen offensichtlich nicht. Er fühlte einen Widerhaken. Denn „so sein wie Gott" – das wäre es! Die uralte Sehnsucht der Menschheit. Nicht nur den vom Platzanweiser Gott zugewiesenen Platz einnehmen, sondern Gottes eigenen Platz selbst. Ein Wahn, der sich seitdem durch alle Zeiten hindurchzieht. Seine Urheberin, die Schlange als Symbol des Bösen, stellt es wirklich geschickt an. Sie trifft die beiden genau da, wo sie später auch deren Nachkommen bis heute treffen wird: Im Zweifel an Gott. Im Misstrauen ihm gegenüber.

Eva, die Mutter aller Lebendigen, erscheint als die Aktivere. Adam überlässt ihr das Handeln. Er isst ihr dabei aus der Hand. Tatsächlich gehen ihnen dabei die Augen auf. Doch anders als erwartet. Das Wissen um „Gut und Böse" umfasst auch das Nächstliegende. Ihre eigene Person. Sie erkennen sich selbst als nackt und entblößt. Offensichtlich mit allen persönlichen Schwächen. Ihr Bloßgestelltsein wird mit dem Gefühl von Scham verbunden. Durch die Erkenntnis, anerkannte Normen verletzt zu haben. Als Mensch nicht so perfekt zu sein, wie sie es gerne hätten. Sie werden sich ihrer selbst bewusst. Und ihrer Unterschiedenheit. Als weiblich und männlich. Als Partner und Gegenüber. Der unvermeidliche Egoismus wird geboren. Es kommt, wie es kommen muss: Oder: Das Ur-Paar, Adam und Eva, löst sich von Gott. Doch weder Adam noch Eva mögen sich ihren Fehler eingestehen. Ihr gerade erst entdecktes Selbstwertgefühl könnte darunter leiden. Mit ausgestrecktem Zeigefinger schiebt jeweils der eine dem anderen die Schuld zu. Bis heute eine sehr vertraute Geste von Schuldabweisung und Schuldverdrängung. Und am Ende steht noch Gott selbst da als der Schuldige. Die neue Zauberlösung heißt: „Wer sich auf Gott verlässt, der ist verlassen."

Die Kettenreaktion des „Auf-den-anderen-Zeigens" hat Folgen. Für die Frau ist das harmonische Zusammenleben mit allen Geschöpfen vorbei. Sie muss sich auf die Härten des Lebens vorbereiten. Obwohl sie noch kein Kind geboren hat, wird Eva erfahren, dass dies keineswegs leicht sein wird. Der einzige Mensch, von dem sie Hilfe erwarten könnte, Adam, versteht sie nicht. Ja, mehr noch, er nutzt ihre Schwäche aus und führt sich herrisch ihr gegenüber auf.

Aber auch der Mann trägt die Konsequenzen: Ein Leben lang hart arbeiten. Dem Boden das Lebensnotwendige abringen. Und doch oft nur Misserfolge ernten. Alles muss hart erkämpft werden. Mühselig. „Im Schweiße seines Angesichts." Vergänglichkeit und Tod gehören dazu. Nicht nur für die Pflanzen und Tiere, auch für den sich seines Selbst bewussten Menschen. Zum ersten Mal begreift er, wie seine Lebensuhr abläuft, dass er altert und einmal sterben wird.

Mit offenen Augen muss er die Realität wahrnehmen: Leiden, Mühen, Schmerzen und Tod ereignen sich nicht überraschend. Sie sind unvermeidlich. In dem Wunsch, zu sein wie Gott, geht das so selbstverständliche Ur-Vertrauen des Menschen zu seinem Schöpfer dahin. Jetzt könnte man erwarten, dass Gott die beiden laufen lassen würde: Seht zu, was ihr euch selber eingebrockt habt! Doch es kommt anders. Ganz anders. Der Schöpfer überlässt seine Menschenkinder nicht der rauen Welt. Er verheißt ihnen und ihren Nachkommen das Heil durch den Sohn der Frau, die der Schlange den Kopf zertreten wird. Ein verborgener Hinweis auf Jesus, der von der Jungfrau Maria empfangen und geboren werden soll, damit er das Böse endgültig überwindet. Das Ende wird zu einem neuen Anfang. Maria leuchtet auf als die Morgenröte des Heils. Weil sie Christus vorausgeht. Alles Licht an ihr, alle Gnade, alle Schönheit und Herrlichkeit hat sie von ihrem Sohn empfangen, der sie als Mutter allen Menschen schenkt. Maria wird durch die Gnade des Erlösers von Anfang an vor jeder Sünde bewahrt. Kein Schatten irgendeiner Schuld soll sie streifen. Denn in ihr wird der Sohn Gottes seinen Sieg über das Böse auf vollkommene Weise erringen.

Die erste Eva hat sich gegen Gott aufgelehnt. Die zweite Eva bekennt sich als die Magd des Herrn und wird zum Urbild des erlösten Menschen. Damit stellt Maria die ursprüngliche Würde der Frau wieder her. Darüber hinaus die Würde des Menschen überhaupt. Nicht umsonst wird sie durch die Jahrhunderte selig gepriesen. Während Eva in die Dunkelheit, in den Abgrund geführt hat, führt Maria zum Licht. Sie zeichnet sich aus durch innere Größe, durch Demut und Selbstlosigkeit. Durch Würde und Einsatzbereitschaft, Ehrfurcht und Treue. Durch ihren schlichten Glauben und durch ihre bedingungslose Hingabe an Gott. Durch ihren Sohn wird Gott selbst eintreten in die Geschichte der Menschheit, die durch Schuld und Tod gezeichnet ist. Und er wird diese Geschichte zur Heilsgeschichte machen.

Der Fuß Marias zertritt der Schlange den Kopf. Doch auf ihrem Fuß steht der kleine Fuß des Jesusknaben. Daneben die Mutter Anna.

Eigenartigerweise spricht Gott zu der Schlange nicht von dem Erlöser, sondern von der Frau, die diesen gebären soll: „Feindschaft setze ich zwischen dich und die Frau, zwischen deinen Nachwuchs und ihren Nachwuchs" (Gen 3,15). Der Kopf der Schlange wird zertreten werden. Sowohl durch ihren Sohn als auch durch sie. Beide werden der Schlange ihre Macht nehmen. Michelangelo Caravaggio hat es in einem Gemälde bildlich dargestellt: Der Fuß Marias zertritt der Schlange den Kopf. Doch auf ihrem Fuß steht der kleine Fuß des Jesusknaben. Dieser verleiht seiner Mutter die notwendige Kraft dazu. Der Böse, der unsagbares Unheil anrichtet, wird besiegt durch den Fuß einer zarten Jungfrau. Sie ist nur deshalb so unüberwindlich stark, weil sie ganz und gar Gott gehört. Deshalb kann sie der Schlange den Kopf zertreten. Auch heute. Gott will diese Welt als Wohnort für sich und für die Menschheit einrichten. Der Eingang dazu ist nicht verbaut. Das Tor ist nicht auf ewig vermauert. Es will sich öffnen und die müde gewordenen Menschen hineinlassen. Damit ihnen die Augen erneut aufgehen, sobald sie in dieser Welt die Augen für immer schließen. Auf dass sie am Ende doch Gott von Angesicht zu Angesicht schauen können.

Im Untergrund ein Zeichen der Hoffnung für die Urchristen

Die Priscilla-Katakomben führen den Besucher unter die Erde in Gänge aus Grabkammern mit religiösen Fresken. Sie zählen zu den bedeutendsten der unterirdischen Totenstädte Roms. Ein beeindruckendes Gewirr aus Familiengräbern, Nischen und Kammern. Über 13 km Länge ziehen sie sich durch den Tuffstein dahin. Weil hier viele Märtyrer Roms ihre letzte Ruhestätte fanden, werden die Grabkammern auch als „Königin der Katakomben" bezeichnet. Die Wände zieren griechische und lateinische Inschriften. Die in der Priscilla-Katakombe sich befindenden Fresken mit ihrer Symbolik erlauben Einblicke in die Bildersprache von Glaubensinhalten zu einer Zeit, als der Glaube nur heimlich gelebt und tradiert werden konnte: Christus als der gute Hirt, die Eucharistie, das himmlische Hochzeitsmahl, die Auferstehung ... Die ersten Christen sahen darin deutliche Zeichen, die ihnen die Hoffnung auf das ewige Leben wachhielten. In der Nische eines weiblichen Märtyrergrabes fanden die Archäologen die älteste Mariendarstellung aus dem frühen 3. Jahrhundert.

Die älteste Mariendarstellung in der Priscilla-Katakombe.

Es handelt sich dabei um ein Gewölbefresko. Darauf ist eine sitzende Madonna mit ihrem Kind erkennbar. Sie hat die vollen Formen einer heroischen Frauengestalt. Der kräftige, nackte Knabe, der von Leben und Gesundheit strotzt, liegt im rechten Arm seiner Mutter. Er greift nach ihrer Brust und sieht den Besucher mit großen Augen an.

Der Mann vor ihnen, der Prophet Balaam, weist auf einen achtstrahligen Stern über dem Haupte Mariens hin. In der Linken hält er eine Schriftrolle. Äste eines Obstbaumes voller Früchte hängen über Maria und dem Kind. Die Archäologen sind davon überzeugt, dass es sich hier um die Gottesmutter handelt. Führt doch der Ort selbst in die ersten Jahrhunderte der Christenheit zurück. Maria als die Gottesmutter gehörte schon zum festen Bestandteil ihrer Tradition. Die Urchristen wandten sich voller Vertrauen an die Mutter des Erlösers. Auf ihre Fürsprache bei ihrem Sohn erbaten sie sowohl für sich als auch für ihre Verstorbenen ewiges Heil.

Im ersten vollständigen Mariengebet, das auf einem Papyrus aus dem Ende des dritten Jahrhunderts in Oberägypten gefunden wurde, heißt es: „Unter deinen Schutz und Schirm fliehen wir, o heilige Gottesgebärerin. Verschmähe nicht unser

Gebet in unsern Nöten, sondern erlöse uns jederzeit von allen Gefahren, o du glorreiche und gebenedeite Jungfrau. Amen." Dieses Gebet zeigt, dass Maria seit frühester Zeit nicht nur als Vorbild gilt, sondern als eine Mutter, der man sich anvertrauen kann.

Griechisches Papyrusfragment aus dem 3. Jahrhundert mit einem der ältesten Mariengebete.

Trotzdem stellt sich die kritische Frage: Bietet das symbolreiche Fresko in der Priscilla-Katakombe tatsächlich Indizien genug, die sich anhand der Bibel entziffern lassen? Den ersten Hinweis bieten der Stern über der Mutter mit dem Kind und die deutende Rechte des Engels. Dieser Darstellung scheint ein prophetisches Wort Balaams aus dem Buch Numeri als Grundlage gedient zu haben. Balaam, der Sohn des Beor, aus der Gegend des Euphrat, wollte trotz Gottes eindeutigem Missfallen die Israeliten für Geld in Gottes Namen verfluchen. Aber gemäß der biblischen Erzählung musste er entgegen seiner zwischenzeitlichen Absicht Israel segnen, indem er das Kommen des Erlösers voraussah: „Ich sehe ihn, aber nicht jetzt, ich erblicke ihn, aber nicht in der Nähe: Ein Stern geht in Jakob auf, ein Zepter erhebt sich in Israel" (Num 24,17). Der Stern ist Symbol des von der Jungfrau Maria geborenen Erlösers Jesus Christus. Im Matthäusevangelium kommt es noch deutlicher durch die Aussage der Sterndeuter: „Wir haben seinen Stern aufgehen sehen und sind gekommen, um ihm zu huldigen" (Mt 2,2). Noch ein anderes Propheten-Wort liegt bei der Betrachtung des Freskos nahe. Jesaja hatte den Messias durch die Geburt aus einer

Jungfrau angekündigt: „Seht, die Jungfrau wird ein Kind empfangen, sie wird einen Sohn gebären, und sie wird ihm den Namen Immanuel (Gott mit uns) geben" (Jes 7,14).

Ein weiteres Element ist der Obstbaum im Hintergrund des Bildes mit seinen Früchten. Diese weisen auf den neuen Himmel und die neue Erde hin: „Zwischen der Straße der Stadt und dem Strom, hüben und drüben, stehen Bäume des Lebens. Zwölfmal tragen sie Früchte, jeden Monat einmal; und die Blätter der Bäume dienen zur Heilung der Völker" (Offb 22,2). Früchte als Zeichen der Erlösung, des ewigen Lebens, Symbol des verlorenen Paradieses, das durch Jesus, die gesegnete Leibesfrucht Mariens, wiedergewonnen wurde (vgl. Lk 1,42). Alles in allem spiegelt dieses Fresko in verborgener Weise die spürbare und tiefe Verehrung der Gottesmutter wider, längst vor ihrer offiziellen Einführung als Gottesgebärerin durch das Konzil von Ephesus im Jahre 431.

In Ephesus wird ein Schatz für die ganze Menschheit entdeckt

Man schreibt das Jahr 431. In der griechischen Stadt Ephesus gehen die Menschen auf die Straße. Lautes Geschrei. Die Leute gestikulieren lautstark. Auch biedere Handwerker streiten heftig miteinander. Selbst beim Barbier diskutieren die Kunden. Der Wortschwall wird immer lauter. Obwohl kaum verständlich, wird die Absicht der demonstrierenden Menschen deutlich: Auf die Verantwortlichen soll mehr Druck ausgeübt werden. Damit sie endlich zu einer Entscheidung kommen. Kaiser Theodosius II. hat in ihrer Stadt die Kirchenmänner zu einem Konzil zusammengerufen. Gott sei Dank ist die Zeit der Christenverfolgung vorbei. Schon seit Wochen wird an jeder Straßenecke über Jesus Christus debattiert. Wer ist er? Wirklich ganz Mensch und Gott? Und noch eine Frage brennt der Bevölkerung von Ephesus unter den Nägeln: Wer genau ist Maria? Ist sie die Mutter Gottes?

Dann plötzlich ein allgemeines Aufatmen. Kyrillos, der Patriarch von Alexandria, erklärt vor den Konzilsvätern: „Gegrüßt sei Maria, die Mutter des Herrn. Königlicher Schatz der ganzen Welt. Unverlöschlicher Leuchter. Kranz der Jungfräulichkeit. Zepter der Orthodoxie. Unerforschlicher Tempel. Wohnung des Unbegrenzten. Die Mutter und Jungfrau. Gegrüßt seist du, die den Unfassbaren in ihrem jungfräulichen und heiligen Schoß tragen durfte."

Damit ist für die Menschen eines klar: Sie dürfen weiterhin Maria Theotokos, Gottesgebärerin, nennen. Ja, Jesus Christus ist nicht nur ganz Mensch. Er ist auch wahrer Gott, Maria hat wirklich Gott geboren! In allen Gassen rufen die Massen lauthals: „Gelobt sei die Theotokos!" Die Bischöfe werden zum Dank bekränzt und feierlich nach Hause geleitet. In Ephesus befand sich lange Jahre das Heiligtum der großen Göttin Artemis. Damals riefen die Leute auf der Straße: „Groß ist die Artemis der Epheser!" Erst Maria verhalf dazu, dass das junge Christentum in dieser Gegend Fuß fassen konnte. Und jetzt dürfen die Epheser auf den Straßen und in ihren Häusern diese große Frau verehren, die ihnen heute von den Bischöfen als Vorbild vor Augen gestellt worden ist.

Maria hat nicht nur einen Menschen geboren, der als Messias eine besondere Aufgabe hatte. Ihr Kind ist in der Tat Gottes Sohn. Ihr Titel „Gottesmutter" bestätigt die Glaubenswahrheit, dass Jesus Christus wahrer Mensch und wahrer Gott ist. Dafür legt die Heilige Schrift ein klares Zeugnis ab. Beim Propheten Jesaja 7,14 heißt es: „Seht, die Jungfrau wird ein Kind empfangen, sie wird einen Sohn gebären, und sie wird ihm den Namen Immanuel (Gott mit uns) geben." Im Johannesevangelium nennt der Apostel Thomas Jesus nach seiner Auferstehung: „Mein Herr und mein Gott!" (Joh 20,28) Bei der Verkündigung in Nazareth sagt der Erzengel Gabriel über den Sohn, den Maria empfängt: „Deshalb wird auch das Kind heilig und Sohn Gottes genannt werden" (Lk 1,35). Als Maria ihre Verwandte Elisabet besucht und sie begrüßt, hüpft das Kind Johannes, der Täufer, vor Freude in ihrem Leib (vgl. Lk 1,41). Elisabet ruft vom Heiligen Geist erfüllt mit lauter Stimme: „Gesegnet bist du mehr als alle anderen Frauen, und gesegnet ist die Frucht deines Leibes. Wer bin ich, dass die Mutter meines Herrn zu mir kommt? In dem Augenblick, als ich deinen Gruß hörte, hüpfte das Kind vor Freude in meinem Leib. Selig ist die, die geglaubt hat, dass sich erfüllt, was der Herr ihr sagen ließ" (Lk 1,42-45).

Die ältesten Kirchenväter lehren schon die wahre Gottesmutterschaft Mariens. Einer von ihnen ist Ignatius von Antiochien. Anfang des zweiten Jahrhunderts schreibt er: „Denn unser Gott Jesus Christus wurde von Maria im Schoße getragen, gemäß dem Heilsratschluss Gottes aus dem Samen Davids zwar, jedoch vom Heiligen Geist" (Kommentar zu Eph. 18,2). Irenäus von Lyon (um 135-202) äußert sich ähnlich: „Dieser Christus, der als Logos des Vaters beim Vater war, ... wurde von einer Jungfrau geboren" (Epid. 53). Seit dem 3. Jahrhundert ist der Titel Theotokos, Gottesgebärerin, allgemein gebräuchlich. Er wird von Origenes, Alexander von Alexandrien, Eusebius von Cäsarea, Athanasius, Epiphanius bezeugt. Gregor von Nazianz schreibt um das Jahr 382: „Wenn jemand die heilige Maria nicht als Gottesgebärerin anerkennt, ist er von der Gottheit getrennt" (Ep. 101,4).

Maria, die Theotokos, mit ihrem göttlichen Kind Jesus als dem Leben spendenden Wasser.

Erst verdrießliche Häretiker wie die Gnostiker Mani und Nestor begannen, diesen Glaubensinhalt zu leugnen. Ihrer Ansicht nach entstand Christus vom erhabenen Gott. Er bietet die Gnosis, also Erkenntnis, an. Als ein göttliches Wesen nahm sich Jesus keinen wesenhaften menschlichen Leib an. Er starb auch nicht. Somit lehnten diese Irrlehrer die Fleischwerdung Christi und seine Geburt von einer Frau ab. Damit konstruierten die Nestorianer eine Christologie, aus der die Geburt Jesu und die Mutterschaft Mariens herausfallen.

Für Kyrill bedeutete das die Abkehr vom Glauben an die Inkarnation. Mit der Leugnung von der Fleischwerdung Gottes war das Zentrum des Christusgeheimnisses zerstört. In enger Abstimmung mit dem Bischof von Rom betrieb er die Einberufung eines Konzils, um die Frage endgültig zu klären. Im Jahr 431 versammelten sich dann die Bischöfe in Ephesus in Kleinasien.

Im Gegensatz zu den Nestorianern vertraten die Arianer die Irrlehre, dass Jesus Christus nicht wesensgleich mit Gott, aber dessen vornehmstes Geschöpf sei. Damit verleugneten sie die Gottheit Jesu Christi und logischerweise die Mutterschaft Mariens. Gegen diese Irrlehren nahm ebenso das Konzil von Ephesus Stellung. Zum einen, dass Jesus Christus tatsächlich aus dem Schoß von Maria, seiner wahren Mutter, einen wahren Leib annahm.

Jesus war also keine Illusion, kein Scheingebilde. Zum anderen ist Jesus Christus der ewige Sohn Gottes, ohne Anfang und ohne Ende. Demzufolge darf Maria den Beinamen Theotokos, Gottes Mutter, tragen.

Die Formulierung dieses marianischen Dogmas beinhaltet letztlich eine christologische Aussage: Die Jungfrau Maria, Mirjam im Aramäischen, ist die Mutter Gottes. Weil sie Jesus Christus, den menschgewordenen Gott, den einziggeborenen ewigen Sohn des himmlischen Vaters, geboren hat. Während Jesus das lebendige Wasser bedeutet, ist sie gleichsam das Aquaedukt, das das frische Nass weiterleitet. Damit es die Menschen erfrischt, stärkt und erfreut. Was Maria empfangen hat, gehört ihr nicht allein. Es ist für die ganze Welt bestimmt. Somit steht ihr Titel Gottesmutter im Dienst des Glaubens an Jesus Christus. Der wirklich unser ganzes Menschsein angenommen und mit seiner Gottheit verbunden hat. Ein Embryo-Sein, sein Geborenwerden, ist seiner göttlichen Natur nicht unwürdig. So hat es auch Papst Franziskus in seiner Enzyklika „Laudato si" klar zum Ausdruck gebracht: „Gott ist in Jesus Christus ganz eingegangen in die Schöpfung" (Laudato si, 99f.).

Eine Rose, die nie verwelkt

Schon in der Frühzeit des Christentums haben die Wüstenväter verschiedene Gebete, vor allem das Vaterunser, aneinandergereiht. Zum Zählen der Gebetseinheiten benutzten sie Steinchen, geknotete Schnüre oder an einer Schnur aufgereihte Fruchtkerne. Sie gingen von der Überzeugung aus: Je mehr du als Beter durch die Wiederholung in die Sinntiefe eines Wortes eindringst, umso mehr machst du dir das Gebetswort zur inneren Haltung. Diese bleibt und bestimmt dein Leben, auch dann, wenn du das Gebet nicht gerade sprichst.

In den Klöstern ab dem 4. Jahrhundert legten die Mönche großen Wert auf das Psalmengebet in Griechisch oder Latein. Wer diese Sprache nicht beherrschte, suchte nach einer Alternative. So beteten die Laienbrüder 150 Vaterunser entsprechend der Zahl der Psalmen.

Seit dem 11. Jahrhundert wurde das „Ave Maria" in enger Anlehnung an die Heilige Schrift mehr und mehr zu einem volkstümlichen Gebet mit 150 „Gegrüßest seist du, Maria."

Der Trierer Kartäuser Dominikus von Preußen (+1460) fasste die Ereignisse des Lebens Jesu in 50 Schlusssätze zusammen. Während dieses Gebets sollte man über das Wirken und Sterben des Herrn meditieren.

Mit dem lateinischen Wort rosarium (Rosenkranz) bezeichnete man bis ins 13. Jahrhundert profane, lyrische Sammelwerke. Im Mittelalter war es üblich, dass ein Mann seiner Angebeteten einen Kranz aus Rosen schenkte. Daneben entwickelte sich der fromme Brauch, Bilder Mariens mit einem Blumenkranz zu schmücken. Vorzugsweise mit Rosen, das liebste Symbol für Maria. Stand doch in dieser Zeit die Marienminne hoch in Blühte. Viele Mariendichtungen begannen mit der Anrede „Ave Rosa". Dabei war man sich klar, dass die Gottesmutter ein Gebet mehr erfreut als ein Blumenkranz. Die Legende erzählt von einem Schüler, der alle Voraussetzungen für ein Studium besaß. Aber er war faul und hatte nur weltliche Vergnügungen im Kopf. Doch an einer frommen Gewohnheit hielt er fest: Jeden Tag flocht er einen Kranz von Blumen und setzte ihn einer Statue der seligsten Jungfrau aufs Haupt. Eines Tages spürte er die Berufung, bei den „grauen Mönchen", wie man damals die

Zisterzienser bezeichnete, einzutreten. Er wurde aufgenommen und lebte ganz eifrig nach der Ordensregel. Doch bald musste er erkennen, dass er jetzt seinen früher so geliebten Brauch weiterhin nicht mehr pflegen konnte. Er dachte daran, das Kloster wieder zu verlassen. Da zeigte ihm ein alter Mönch eine Möglichkeit, wie er der Gottesmutter einen noch viel schöneren Kranz schenken konnte, indem er ihn auf die Gebetskette der 50 Ave Maria aufmerksam machte. Diesem Ratschlag folgend wuchs der junge Mönch voller Freude an Tugend, Tüchtigkeit und Ansehen bei seinen Mitbrüdern.

Zunächst war der Rosenkranz ein privates Gebet. Zum Gemeinschaftsgebet wurde er durch das Wirken des Dominikaners Alanus de Rupe (1428-1475), der es zur Volkskatechese einsetzte.

Nun stellt sich die Frage: Wie kann der moderne Mensch heute den Rosenkranz beten? Ist diese Gebetsart nicht überholt? Besteht außerdem nicht die Gefahr, dass der Rosenkranz zu einer Art Gebetsmühle wird, bei der man fünfzigmal dasselbe Ave Maria hersagt?

Natürlich ist der Rosenkranz ohne Betrachtung wie ein Leib ohne Seele. Er kann geistlos und gedankenlos heruntergeleiert werden. Dann wird er zu einer mechanischen Wiederholung von Formeln. Ganz im Widerspruch zur Mahnung Jesu: „Wenn ihr betet, sollt ihr nicht plappern wie die Heiden, die meinen, sie werden nur erhört, wenn sie viele Worte machen" (Mt 6,7). Deshalb will der Rosenkranz im Innersten des eigenen Herzens gebetet werden. Dann wird er zu einem gedankenreichen, meditativen Gespräch mit Gott in der Betrachtung der wesentlichsten und tiefsten Geheimnisse unseres Glaubens. Die ständig wiederholten Ave Maria sind gleichsam die Begleitmusik oder der Refrain, mit dem wir uns immer wieder an Maria wenden. Als die Ursache unserer Freude im freudenreichen Rosenkranz. Als die Schmerzensmutter im schmerzhaften und als die Königin des Himmels und der Erde im glorreichen Rosenkranz. Papst Johannes Paul II. fügte am 16. Oktober 2002 die lichtreichen Geheimnisse hinzu zwischen der Kindheit und dem Leiden Jesu.

Die ständigen Wiederholungen scheinen in der Natur der Schöpfung zu liegen. Warum trägt der Rosenstrauch immer die gleichen Blüten? Warum zwitschert der Vogel immer die gleichen Lieder? Warum lallt das Kind immer wieder den Mutternamen? Verliert denn der süße Namen Mama seinen Wert, wenn das Kind ihn immer wieder auf den Lippen führt? Verliert der Gesang der Nachtigall seinen Reiz, weil sie stets dieselbe Melodie singt? Was ist das Klopfen des Herzens anderes als Wiederholung? Ebenso das Atmen. Wenn wir einem geliebten Menschen sagen wollen, dass wir ihn gern haben, was er längst weiß, beteuern wir ihm das nicht in besonderen Augenblicken viele Male hintereinander? Ich liebe dich, liebe dich, liebe dich ... Wir denken nicht darüber nach. Wir fühlen einfach mit dem Herzen. In der Wiederholung verdrängt das beschwörende Liebeswort alle anderen Inhalte. Es bleibt nur Liebe. Wie bei der dreimaligen Antwort des Petrus an Jesus: „Herr, du weißt, dass ich dich liebe!" (Joh 21,15-17)

Ähnlich verhält es sich mit dem Rosenkranzgebet. Wir betrachten die Mysterien des Lebens Jesu. So wie Maria sie in ihrem Herzen bewegte. Wir schauen mit ihr das Antlitz Christi. In ihrem Schoß hat er Gestalt angenommen. Von ihr hat er sein äußerliches Aussehen empfangen. Maria lebte mit den Augen auf ihren Sohn ausgerichtet und machte sich jedes seiner Worte zu Eigen. Das prägte ihr Leben. Im Rosenkranz-Gespräch mit ihr will Christus selbst zum Atem unserer Seele werden.

Und wenn es einmal passiert, dass wir über dem Rosenkranz einschlafen, dann beten ihn vielleicht die Engel weiter. Waren nicht auch die Jünger in Getsemani oder bei der Verklärung Jesu auf dem Tabor eingenickt? Das Wichtigste ist nur: Nicht loslassen! Sich an der Perlenschnur festhalten wie ein angeschlagener Boxer an den Seilen. Dann schenkt der Rosenkranz Ruhe, Frieden und Gelassenheit. Es gibt kein Problem, das nicht mit dem Rosenkranz gelöst werden kann, wie wir in den folgenden Kapiteln noch sehen werden. Man kann ihn überall beten. Allein oder in Gemeinschaft. Im Stau oder an der Kasse im Supermarkt. Im Lärm. In der Stille. In Freude und in der Not. Der Rosenkranz ist eine Waffe in den Kämpfen und Schwierigkeiten des menschlichen Lebens. Eine Waffe, die retten kann, wenn alle anderen Sicherheiten wie ein Kartenhaus zusammenfallen.

Beim Rosenkranz geht es um die Aufforderung der Heiligen Schrift: „Betet ohne Unterlass!" (1 Thess 5,17) Das heißt: Jede Handlung soll selbst zum Gebet werden. Wobei die Gegenwart Gottes alles erfüllt. Die unentwegte Anrufung des Namens Jesu und seiner Mutter werden zum Ausdruck menschlicher Sehnsucht nach Gott. Der

Rosenkranz als Herzensgebet ist wie das Feuer eines Schmelzofens. In seiner Liebe reinigt er und schenkt auf dem oft dunklen Weg des Lebens neues Licht. Heute bedarf es dieses Lichtes umso mehr. Weil die Kraft des Glaubens in der Hektik und im Lärm des Alltags verloren zu gehen droht. Deshalb bedarf es Menschen, die sich vom Feuer Gottes erfassen lassen und für andere zum Wegweiser werden. Menschen, die die Fackel der Hoffnung durch das Rosenkranzgebet vorantragen:

Der amtierende Arzt im Durchgangslager für Heimkehrer fragte die junge Frau in der grauwattierten Steppjacke: „Wie war es Ihnen möglich, so gesund an Leib und Seele aus Sibirien heimzukehren?"

Das Mädchen senkte die Augen. Ein schwaches Rot fuhr bis unter das fahle Kopftuch und machte ihr Gesicht zart und mädchenhaft. Der Arzt bemerkte, dass in diesen Zügen nicht jene Stumpfheit und Resignation zu finden war, die sonst die Gesichter kriegsgefangener Frauen gewöhnlich prägten. Als sie den väterlich forschenden Augen des Arztes begegnete, antwortete sie stockend: „Ich glaube, das verdanke ich dem hier!" Dabei zog sie aus der Tasche ein Etwas, das sie behutsam dem

Mann in die ausgestreckte Hand gab. Verwundert schaute der Arzt auf einen graubraunen, anscheinend selbst gebastelten Rosenkranz. „Ja, es hat eine besondere Bewandtnis damit", gestand das Mädchen. Sie strich sich befangen über die Stirn und begann leise zu erzählen: „Anfangs war es uns natürlich nicht erlaubt, einen Rosenkranz zu besitzen. Als ich aus meinem Heimatdorf bei Königsfeld in Gefangenschaft gebracht wurde, war ich erst siebzehn. Ich trug meinen blauweißen Rosenkranz immer in der Tasche, um ihn auf dem Feld oder sonst wo beten zu können. Schon auf dem Transport wurde er mir abgenommen. In den Dämmerstunden des sibirischen Lagers erwachte immer stärker in uns das Verlangen nach Gemeinsamkeit, nach Wärme und jener Nähe, die das Rosenkranzgebet untereinander schafft. Wir beteten an den Fingern die Geheimnisse unseres Glaubens. Alles musste uns der Rosenkranz ersetzen, was wir an religiösen Übungen gewohnt waren. Und Not macht erfinderisch. Eine von uns war Studentin. Sie hatte die Kunstakademie besucht und wollte einmal Bildhauerin werden. Als sie eines Tages auf ihrem Strohsack einige Krumen steinhart gewordenen Lagerbrotes fand, kam ihr ein kreativer

Gedanke. Sie brach ein Häppchen von ihrer kargen Tagesration ab und legte es beiseite. Wenig später sahen wir verwundert, wie sie aus Wasser und Brot kleine Kügelchen formte und nebeneinander in ihr blechernes Kochgeschirr legte. Auf unsere Frage, was das bedeuten solle, schwieg sie geheimnisvoll. Nach einigen Tagen rappelte es bereits lustig in ihrem Behälter. Anke, so hieß die Künstlerin, holte die gemeinsam genutzte Lagerstopfnadel und den Zwirn und bohrte vorsichtig ein Loch durch jede ‚Perle'. Dann zog sie den Faden durch und knotete ihn mit spitzen Fingern. Da wussten wir, was das bedeuten sollte.

Nach wenigen Wochen besaß jede von uns einen buchstäblich vom Mund abgehungerten Rosenkranz. Eines Morgens gestand ich mit Tränen der Beschämung in den Augen Anke, dass ich am Abend über dem Beten eingeschlafen war. Und dann kamen die Mäuse und hatten meinen Rosenkranz angeknabbert. Übrig blieb mir nur die zerfranste Schnur mit den paar ‚Perlen', die ich umklammert hielt. Anke lachte und weinte fast zugleich. Mit Eile machte sie sich daran, einen neuen Rosenkranz zu formen. Aber sie war sich ihrer Sache zu sicher geworden. Mitten in der Arbeit wurde sie vom Posten überrascht. Der brachte sie zum Lagerführer. Dort sollte sie verhört werden. Auch wenn wir alle unsere Rosenkränze schnell verschwinden ließen, im Herzen beteten wir zitternd um unsere Kameradin das Gesätz ‚der für uns Blut geschwitzt hat'. Nach kurzer Zeit kam sie wieder. Strahlend über das ganze Gesicht. Von allen Seiten bestürmten wir sie mit Fragen: ‚Was hat der Iwan gesagt? Bekommen wir eine Strafe?' Nach einer Weile konnte sie berichten: Erst hat der Lagerführer mich mächtig angepfiffen. Ob ich das Verbot nicht kenne, Andachtsgegenstände, Fetische des Aberglaubens zu besitzen? Dann platzte er mit der zweiten Frage heraus: ‚Woher hast du das Ding?' – ‚Gebastelt?' – ‚Woraus?' Da begann ich in meinem Herzen zur Gottesmutter zu rufen und antwortete tapfer: ‚Das ist aus Brot. Das ist unsere eiserne Ration.' Der Lagerführer reagierte erstarrt vor Staunen. Dann zerdrückte er vorsichtig eine Perle zwischen den Fingern, roch daran, schüttelte den Kopf und schickte die Wache hinaus. So Auge in Auge schrie er mich an: ‚Eiserne Ration? Was soll das heißen? Kriegt ihr nicht genug?' Während ich seinem Blick standhielt, sagte ich nur: ‚Jawohl, Genosse Lagerführer, das ist die eiserne Ration für

unsere Seelen. Die sind ausgehungert nach Gott!'
Sekundenlang starrte der Russe mich an. Dann
plötzlich kam ein Flackern in seinen Blick. Er
senkte die Augen und schob mir den Rosenkranz
mit rauer Stimme zu: ‚Behalten!' Dann drehte er
sich um. Und – nun ja, jetzt stehe ich noch heil
vor euch und habe alle Hoffnung, dass die Gottesmutter uns weiter helfen wird."

In der Vorstadt von Paris lebte der berühmte
Arzt Dr. Louis Granpas. Er war bekannt wegen
seines großen medizinischen Könnens und seiner
Hilfsbereitschaft. Als gläubiger Christ empfand er
es als seine Pflicht, die Armen, die zu ihm kamen,
kostenlos zu behandeln. Selbst während seiner
seltenen Urlaubstage opferte er ihnen seine Zeit.

Eines Sonntags kam er spät nachts von einem
Ärztekongress zurück. Mit einem schweren Koffer
bepackt rief er ein Taxi, nannte dem Fahrer die
Straße und Nummer seines Hauses. Der Chauffeur
ergriff mit finsterer Miene den Koffer des Arztes
und schleuderte ihn auf den Sitz neben sich. In
barschem Ton knurrte er: „Steigen Sie ein!" Für
gewöhnlich beurteilte Dr. Granpas niemanden
auf Grund seiner äußeren Erscheinung. Aber das
Benehmen dieses Chauffeurs erschien ihm doch

seltsam. Vor allem als dieser mit großer Geschwindigkeit in die entgegengesetzte Richtung fuhr. Der Arzt öffnete die Tür und befahl dem Fahrer, sofort anzuhalten. Aber dieser reagierte überhaupt nicht darauf und setzte seine Route mit rasender Geschwindigkeit fort. Nachdem sie die Stadt hinter sich gelassen hatten, schlug er eine schlechte, endlos scheinende Straße ein. Instinktiv wollte Dr. Granpas zu seiner Waffe greifen. Da wurde ihm bewusst, dass er sie im Koffer hatte. Und dieser befand sich jetzt neben dem Chauffeur. So griff er zu seinem Rosenkranz, den er immer bei sich trug und vertraute der Muttergottes den Ausgang dieses Abenteuers an. Endlich hielt das Auto vor einem hellerleuchteten Haus an. Der Fahrer stieg aus, öffnete nervös die Tür neben seinem Fahrgast und sagte: „Kommen Sie schnell herein, Herr Doktor! Mein Kind liegt im Sterben!" Plötzlich verstand Dr. Granpas das seltsame Benehmen des Chauffeurs. Die Angst um sein Kind, die Angst zu spät zu kommen, hatte ihn diese verrückte Fahrt unternehmen lassen. Als der Arzt das Haus betrat, sah er eine junge Frau sich ängstlich über die Wiege beugen. Darin lag ein kleines, ein paar Monate altes, sich in unaufhörlichen Krämpfen windendes Kind. „Schnell, meinen Koffer!", rief Dr. Granpas. Nun versuchte er mit allen Mitteln seiner medizinischen Kunst, das Baby zu retten. Schließlich fand der Vater seine Sprache wieder. „Entschuldigen Sie bitte, wenn ich Sie zu so später Stunde gekidnappt habe. Sehen Sie, Herr Doktor, ich habe drei Ärzte angerufen. Alle drei waren nicht zu erreichen. Schweren Herzens habe ich dann meinen Nachtdienst angetreten. Dann sah ich Sie. In meiner Hoffnungslosigkeit war ich nur noch von einer Idee besessen: Mein Kind zu retten." „Ja, aber woher wussten Sie, dass ich Arzt bin?" „Das steht auf Ihrem Koffer." „Stimmt. Das habe ich nicht bedacht." Die Mutter unterbrach jetzt das Gespräch: „Ich weiß nicht, ob Sie gläubig sind. Aber als Sie eintraten, habe ich aus tiefster Seele der gütigsten Jungfrau Maria gedankt." Da zog der Arzt lächelnd seinen Rosenkranz aus der Tasche: „Hier, das ist meine Waffe, derer ich mich während der wahnwitzigen Fahrt bedient habe. Ich dachte schon, ich würde in einem Hinterhalt enden." „Sie sind der Gesandte der Muttergottes", rief die Mutter gerührt. Inzwischen war das Kind eingeschlafen und lag ruhig in seinem Bettchen. Der Arzt erklärte den besorgten Eltern, dass die Gefahr vorüber sei und es keinen Grund zur Sorge mehr gäbe. Als er sich bereit zum Aufbruch machte, fragte der Vater, was er für die Rettung seines Kindes schuldig sei. „Absolut nichts!", war die Antwort. „Dass ich die Ehre hatte, der Gesandte der Muttergottes zu sein, entschädigt mich reichlich für diese bewegte Nacht. Jetzt aber, mein rasanter Chauffeur, fahren Sie mich schnell nach Hause." Bei sich angekommen, fragte der Arzt nun seinerseits, was er für das Taxi zu bezahlen habe. Der Mann schüttelte ihm mit Tränen in den Augen die Hand. „Herr Doktor, für die Ehre, dass ich den Gesandten der Muttergottes nach Hause fahren durfte, bin ich reichlichst belohnt. Seien Sie versichert, meine Frau und ich werden zum Dank für Sie jeden Tag zur Heiligen Jungfrau einen Rosenkranz beten."

In den folgenden Wochen besuchte Dr. Granpas noch mehrere Male das kleine Kind, dessen Leben er auf eine so unerwartete Art und Weise retten durfte. Einmal im Jahr erhielt er als Dank von den Eltern einen Blumenstrauß.

Als die dreifache Weltmeisterin im Turnen, Simone Biles, 2016 zu den Olympischen Spielen nach Rio de Janeiro flog, trug die 19-Jährige einen Rosenkranz bei sich. Ein Geschenk von ihrer

Mutter. Schon jetzt ist Simone die meist dekorierte Turnerin in der Sportgeschichte. Mit Goldmedaillen auf Weltniveau in Team- und Einzelkämpfen. Hinter diesen umwerfenden Leistungen und der fröhlichen Persönlichkeit steckt ein starkes Familien- und Glaubensleben. In einem Interview mit dem „US Magazine" zeigte sie, was sie alles in ihrer Turntasche mit sich trägt: Eine Wasserflasche, Haarklammern, Kopfhörer und einen Regenschirm mit Gepard-Muster sowie einen weißen Rosenkranz. In einem Artikel in „Journal Review" erklärt sie, ihr Glaube spiele eine wichtige Rolle in ihrem Leben und bei ihrem Erfolg. „Wenn ich keinen Wettkampf habe, besuche ich mit meiner Familie jeden Sonntag die heilige Messe. Außerdem bete ich regelmäßig den Rosenkranz."

Die dreifache Weltmeisterin im Turnen, Simone Biles, betet täglich den Rosenkranz.

Der irisch-amerikanische Sänger, Musiker und Komponist Michael Patrick „Paddy" Kelly wurde bekannt als drittjüngstes Mitglied der Pop- und Folkband „The Kelly Family". Ab Mitte der 1990er Jahre verkauften sie mehr als 20 Millionen Tonträger und gehörten zu den erfolgreichsten Musik-Interpreten in Europa. Als Mädchenidol im Blickpunkt der Öffentlichkeit bekam Kelly täglich 1000 Fanbriefe. Im Jahr 2003 publizierte er sein Solodebüt „In Exile". Kurz darauf zog er sich in ein Kloster in Frankreich zurück. Nach sechsjähriger Medienabstinenz nahm er seine Tätigkeit im Musikgeschäft im Jahr 2010 wieder auf. „Ich habe davon geträumt, viele

Häuser zu besitzen, in großen Stadien zu singen, auf einem Schiff zu leben und in einem Schloss zu wohnen. Keiner dieser Wünsche blieb offen. Aber was wirklich im Leben zählt, kann man nicht mit Geld bezahlen. Jeder von uns kommt an den Punkt, wo er sich fragt: Wo komme ich her? Was mache ich hier? Wo geht es hin? Darauf hat mir der Glaube an Jesus, der mein Herr und mein Alles ist, eine Antwort gegeben."

Kelly erklärt ganz offen, er möchte keine Autogramme mehr schreiben, sondern Marienmedaillons verschenken. Auch betet er gerne den Rosenkranz. Wie kam es dazu? „Das Ganze fing bei mir 1999 in Lourdes an", erinnert er sich. „Zunächst betete ich mal drei Perlen. Dann waren es 10. Dann ein ganzer Rosenkranz. Es gibt Tage, da bete ich vier Rosenkränze. Das ist wie ein Maschinengewehrfeuer", meint er lachend. Den Rosenkranz, den er um den Hals trägt, hat ihm sein bester Freund zur Hochzeit geschenkt. „Darum trage ich den auch gern. Ich finde, im Gebet gibt es keine Gesetze. Wenn man mit Gott spricht, sollte man sehr frei sein. So wie ein Kind zu seinen Eltern spricht. Aber es gibt auch so ein paar formale Gebete, die mir persönlich sehr helfen. Und weil ich so einen kreativen Kopf habe, hat der Rosenkranz für mich etwas sehr beruhigendes."

Und wie betet Michael Patrick den Rosenkranz? „Es sind ja fast alles Worte aus der Bibel. Wenn ich den Rosenkranz bete, dann meditiere ich auch über das Leben von Jesus Christus. Gleichzeitig ist der Rosenkranz für mich so etwas, wie wenn man die Hand von Mama festhält."

Für den irisch-amerikanischen Sänger, Musiker und Komponisten Michael Patrick ist das Rosenkranzgebet wie ein „Maschinengewehrfeuer Gottes".

Katie Ledecky, die 19-jährige neunfache Weltmeisterin ist eine der überragendsten Sportlerinnen der Gegenwart. In London holte sie 2012 – gerade mal 15 Jahre alt – Gold über die 800 Meter Strecke im Freistil. Bemerkenswert an ihr ist ihr innerer Antrieb. Eine junge Frau, die freundlich und geradezu sanft außerhalb des Pools auftritt. Doch bei Wettkämpfen im Wasser legt sie eine enorme „Aggression" und „Wut" an den Tag. Ihre Trainer bescheinigen ihr, „hart wie Stahl und zäh wie Leder" um ihr Ziel zu kämpfen, die Beste zu sein. Der auf Leistungsphysiologie spezialisierte Forscher und Anästhesist Michael J. Joyner bezeichnet sie in einem Artikel der „Washington Post" als die mit Abstand beste Athletin der Welt heute. Bei allem Kampfgeist steht die Beziehung zu Gott für Katie Ledecky im Mittelpunkt. „Mein katholischer Glaube ist mir sehr wichtig. Das war er schon immer und wird es auch immer sein. Er macht aus, wer ich bin und ich fühle mich wohl, meinen Glauben zu praktizieren. Es hilft mir, die Dinge in Perspektive zu halten", sagte sie in einem Interview mit dem „Catholic Standard". Sie bestätigte auch, dass sie vor jedem Wettkampf ein „Gegrüßet seist Du, Maria" betet. „Das Ave Maria ist ein schönes Gebet und es schenkt mir innere Ruhe."

Ein Bild löst die grösste Massenkonversion der Geschichte aus

Im Nationalmuseum für Anthropologie in Mexiko City erfährt man Näheres von der Geschichte des Landes, im Besonderen von der alten Indianerkultur mit den Olmeken, Zapotheken, Azteken und Mayas. Menschenopfer galten nach dem Mythos der Azteken als Nahrung für die Götter und waren notwendig, um den Fortbestand der Welt zu sichern. Im Glauben der Azteken, dass jeder neue Sonnenaufgang – und damit der Bestand der gegenwärtigen Welt – allein durch das Opfer von menschlichem Blut herbeigeführt werden konnte, mussten nun auch die Menschen ihr Herz und ihr Blut opfern, genauso wie zuvor die Götter. Nur durch diese so genannten Schuldzahlungen konnte die Sonne ihre tägliche Wanderung durch den Himmel und die Unterwelt leisten. Bevorzugte Opfer waren Kriegsgefangene. Diese trugen dazu bei, dass die Quelle der Menschenopfer nie versiegte. Nach dem rituellen Bad und nur mit einem Lendenschurz bekleidet, wurden die Opfer unter Tanz und Gesang zu den Altären der Pyramidentempeln hinaufgeführt. Dort warteten bereits die langhaarigen, mit schwarzen, blutverkrusteten Kapuzenmänteln gekleideten Opferpriester. Festgehalten von vier Priestern wurde das Opfer mit der Brust nach oben auf den Opferstein gelegt. Ein weiterer Priester führte mit der scharfen Obsidianklinge des Opfermessers bei dem vermutlich betäubten Opfer einen schnellen Längsschnitt über die Brust durch und durchtrennte damit das Brustbein und die Rippen. Anschließend wurde dem noch lebenden Opfer sofort mit einem Ruck das pulsierende Herz, das man bei Gefangenen „Adlerfrucht" oder „Edelstein" nannte, herausgerissen. Nachdem das Herz der Sonne entgegengestreckt und damit symbolisch vom aufsteigenden Adler aufgenommen wurde, gab man es in die Adlervase und verbrannte es. Der Geopferte wurde zum Schluss die Stufen des Tempels hinuntergestoßen.

Einer der Götter, der den Azteken große Angst einflößte, war der Regengott „Tlaloc". Er sandte nicht nur Regen, Dürre und Hungersnot, sondern er entfesselte auch verheerende Stürme mit Blitz und Donner. Um sich die Gunst von Tlaloc zu sichern, mussten ihm unter anderem Menschenopfer dargebracht werden. Da die Azteken Kindertränen mit Regentropfen in Verbindung brachten, wurden Tlaloc bevorzugt Kinder geopfert. Wenn diese auf ihrem Weg zur Opferung besonders stark weinten, so freute man sich, denn viele Tränen bedeuteten auch viel Regen.

Um sich die Gunst des Regengottes Tlaloc zu sichern, brachten die Azteken dem Götzen Menschenopfer dar.

Im Jahr 1528 war Juan de Zumarraga als erster Bischof der „Neuen Welt" in Tenochtitlan angekommen. Bekannt als „lebendiges Abbild des heiligen Franziskus" setzte er sich mit Eifer für die unterdrückten Indios ein. Dennoch gab es nur sehr wenige Bekehrungen. Der Grund war einfach. Keine 10 Jahre nach der Unterwerfung Mexikos beuteten die spanischen Eroberer, getrieben von Macht und Besitzgier, das Volk erbarmungslos aus. Sie versklavten die Eingeborenen als „Wesen ohne Seele", rotteten ganze Familien aus und brannten ihre Häuser nieder. In dieser äußerst gespannten, aussichtslosen Situation griff der Himmel selbst ein:

Man schreibt den 9. Dezember 1531. Der 55-jährige Witwer Cuauhtlatoatzin, sprechender Adler, mit dem Taufnamen Juan Diego, hat 1525, zwei Jahre nach der Ankunft der ersten Franziskanermissionare, mit seiner Ehefrau Maria Lucia die Taufe empfangen. Als einfache, bescheidene Bauersleute zählen sie mit ihrem Onkel Juan Bernardino zu den ersten Christen des Landes.

An diesem Samstag ist der kleine Indio sehr früh zur heiligen Messe unterwegs. Über dem östlichen Horizont beginnt es gerade hell zu werden, als er den Hügel Tepeyac erreicht. Da vernimmt er plötzlich ein Jubilieren von der Höhe herab. Es klingt wie ein Konzert vieler wunderbarer Vögel. Juan

Diego bleibt stehen und lauscht. „Träume ich?" Er blickt in Richtung des Sonnenaufgangs. Plötzlich hört er eine Stimme: „Kleiner Juan, Juantzin! Diegotzin!" Schnell eilt er zur Höhe hinauf. Da sieht er eine wunderschöne junge Frau, fast noch ein Mädchen, auf dem Hügel stehen. Sie macht ihm deutlich, näher zu treten. Als er vor ihr steht, ist er überwältigt von ihrer Schönheit. Die übertrifft alles, was er je gesehen hat. Ihr Gewand leuchtet wie die Sonne. Die Erde um sie herum erstrahlt wie ein Regenbogen im Nebel. Friede und Liebe gehen von dieser Gestalt aus. Unwiderstehlich zieht ihre Zärtlichkeit ihn an.

Nun spricht sie zu ihm. Ein zärtlicher Dialog zwischen der Gottesmutter und dem kleinen, demütigen Juan Diego beginnt: „Juantzin, Juanito, kleinster meiner Söhne! Wo willst du hin?" – „Meine Herrin! Königin! Mi niña! Mein Kleines, mein Töchterlein, mein Mädchen! Ich gehe zur heiligen Messe nach Mexico-Tlatelolco. Dort will ich Gott dienen und ihn ehren." – „Allerkleinster meiner Söhne! Ich bin die immerwährende Heilige Jungfrau Maria, die Mutter des einzig wahren heiligen Gottes, des Leben spendenden Schöpfers aller Menschen. Er ist der Herr der Nahen und der Fernen, des Himmels und der Erde. Ich wünsche mir sehr, dass mir hier ein Heiligtum errichtet wird, wo ich ihn zeigen, preisen und für immer bezeugen kann. Hier werde ich den Menschen meine ganze Liebe geben. Meinen erbarmenden Blick. Meine Hilfe. Meinen Trost. Meine Rettung. Ich bin wahrhaftig eure mitleidende Mutter. Deine Mutter und die aller Menschen, die dieses Land bewohnen. Wie auch die Mutter aller übrigen Stämme und Menschen, die mich lieben, rufen und anflehen. Ich bin die Mutter all derer, die mich suchen und mir vertrauen. Hier werde ich ihr Weinen und ihre Klagen hören. Hier werde ich sie in ihrer Trauer trösten und all ihre Schmerzen lindern. Hier werde ich sie heilen in ihrer Pein, ihrem Elend und Leid. Nun geh zum Bischof von Mexiko. Sag ihm, dass ich dich geschickt habe. Eröffne ihm, dass ich hier eine Heimstatt haben möchte. Sag ihm das alles. Und erzähle, was du hier gesehen, bewundert und gehört hast. Sei dir sicher, ich werde dich glücklich machen und dir viel Freude schenken." – „Meine Herrin, mein Kleines, ich bin schon unterwegs, um deine Worte auszuführen."

Kaum ist Juan Diego im Haus des Franziskanerbischofs Don Fray de Zumárraga eingetreten, da reagiert dieser auf die Erzählung mit ungläubigem Staunen. Doch seine Antwort ist abweisend: „Mein Sohn, komm ein anderes Mal vorbei. Dann werde ich dir in Ruhe zuhören und alle Gründe erwägen, die dich zu mir geführt haben."

Traurig über seinen Misserfolg kehrt der kleine Indio in der Abenddämmerung zum Gipfel der Anhöhe zurück. Die Königin des Himmels erwartet ihn schon. Da wirft er sich vor ihr in den Staub und stammelt: „Kleine Herrin, Señora, Königin, Kleinstes meiner Töchterlein, mein Allerkleinstes! Gerade so, wie du es verlangt hast, habe ich deinen Auftrag ausgeführt. Doch ich konnte den Bischof nicht überzeugen. An der Art, wie er sprach, dachte er wohl, ich hätte alles erfunden. Darum flehe ich dich an, meine Herrin und mein Allerkleinstes, schicke lieber einen Edlen hin, der bekannt ist, respektiert und geehrt wird, damit er deinen Auftrag ausführe und man ihm seinen Worten Glauben schenke. Denn ich bin doch nur ein Ackerbauer, ein armer Wicht, ein Tagelöhner und Lastensklave, ein Traggestell, ein Dreck, der Allerletzte. Wohin du mich hingeschickt hast, das ist kein Ort für mich, kleinste Jungfrau, mein Allerkleinstes. Mein Kind! Meine Herrin und Königin! Ich bitte dich, erlass mir deine Bitte. Denn ich bekümmere nur dein Herz. Ich bereite dir nur Verdruss und Ärger, wenn ich gehe, meine Herrin und Herrscherin." Da lächelt ihm die heilige Jungfrau zu. „Höre, Kleinster meiner Söhne! Glaub nicht, dass es mir an Dienern und Boten fehlt, die ich jederzeit aussenden könnte. Es ist aber unbedingt notwendig, dass du selbst gehst und darum bittest. Durch deine Vermittlung soll mein Herzenswunsch ausgeführt werden. Ich bitte dich also sehr, mein Sohn und mein Kleinster. Gehe morgen noch einmal zum Bischof. Lass ihn noch einmal meinen Willen wissen. Ich sende dich." Da antwortet ihr Juan Diego voller innerer Bereitschaft: „Meine Herrin! Königin! Mein Kleines! Dein Gesicht soll kein Kummer überschatten. Dein Herz darf sich nicht betrüben! Mit großer Freude werde ich gehen, um ihm noch einmal deine Worte zu verkünden. Kein Hindernis auf dem Weg soll mich davon abbringen können. Morgen am späten Nachmittag, wenn die Sonne untergeht, werde ich zurückkommen und dir erzählen, was der Bischof mir geantwortet hat. Und jetzt verabschiede ich mich von dir, mein Kleines! Gute Frau und Königin! Mein Kind! Ruhe dich inzwischen ein wenig aus."

Am folgenden Tag macht sich Juan Diego erneut zum Palast des Bischofs auf. Erst nach langen Bitten wird er vorgelassen. Der Bischof stellt ihm viele Fragen. Juan Diego erzählt ihm nochmals alles sehr genau. Um sich weiter mit der Sache befassen zu können, sei es deshalb notwendig, dass sein Bericht durch andere Zeichen beglaubigt werde, gibt der Oberhirte ihm schroff zur Antwort.

Mittlerweile ist Juan Diego wieder bei der immerwährenden Jungfrau auf dem Hügel angelangt und berichtet ihr traurig von der Reaktion des Bischofs. Maria jedoch ermutigt ihn. „Gut so, mein Söhnchen! Kleinstes meiner Kinder! Komm morgen zurück, um dem Bischof das Zeichen der Wahrheit zu bringen. Dann wird er nicht mehr an deiner Botschaft zweifeln und dich nicht mehr in seinem Herzen verdächtigen. Ich werde dich für alle Mühe und Arbeit belohnen, die du für mich auf dich genommen hast. Nun geh! Morgen werde ich dich hier wieder erwarten."

Zu Hause angekommen, findet Juan Diego seinen Onkel Juan Bernardino im Sterben liegen. Am Abend bittet ihn der Onkel: „Breche nach Tlatelolco auf und rufe mir dort einen Priester, bei dem ich beichten und mich auf meinen Tod vorbereiten kann." Sofort macht sich Juan Diego auf den Weg. Am Fuß des Tepeyac-Hügels sagt er zu sich: „Womöglich sieht mich hier die edle Dame. Bestimmt wird sie mich dann wieder aufhalten, damit ich dem Bischof das Zeichen bringe. Doch zuerst muss ich den Priester rufen, auf den mein lieber Onkel doch so dringend wartet." Also schlägt er schnell um den Hügel einen Bogen. Jetzt wird die Königin des Himmels ihm nicht über den Weg kommen und ihn aufhalten. Im selben Augenblick sieht er sie vom Gipfel des Hügels herabsteigen. Sie hat ihn von dort beobachtet und erwartet. Nun stellt sie sich ihm in den Weg und fragt: „Was ist, kleinster meiner Söhne? Wohin lenkst du deine Schritte? Wo willst du hin?"

Da wirft er sich beschämt vor ihr nieder und stammelt: „Ach, mein Kleines, mein liebes Töchterlein, mein Kind und meine Königin! Wie wünschte ich mir, dass du Grund zur Freude hättest! Hast du wohl gut geruht und den Tag gut angefangen? Ich bin traurig, dass ich dein Gesicht und Herz bekümmern muss. Du sollst nämlich wissen, mein kleines Mädchen, dass es einem deiner armen Diener sehr schlecht geht. Nämlich meinem Onkel. Eine schwere Krankheit führt ihn sicher bald zum

Tod. Darum eile ich gerade nach Mexiko, wo ich einen unserer Priester rufen will, dass er ihm Trost spende, ihm die Beichte abnehme und ihn salbe. Denn in Wahrheit haben wir ja nur das Licht der Welt erblickt, um einer guten Sterbestunde entgegenzugehen. Wenn ich diese Pflicht erfüllt habe, werde ich gleich wieder zurück sein, um deine Worte zu überbringen, meine Herrin und mein liebes Kleines. Entschuldige mich also bitte! Hab noch ein wenig Geduld mit mir. Ich werde dich nicht enttäuschen, mein Kind und meine teure Tochter. Morgen schon werde ich wieder hier bei dir sein."

Da antwortet ihm die barmherzige und immerwährende Jungfrau: „Höre, und nimm es dir zu Herzen, kleinster meiner Söhne! Da ist nichts, das dich erschrecken soll! Nichts soll dich betrüben und verzagen lassen. Dein Gesicht soll nicht bekümmert sein, und auch nicht dein Herz! Fürchte weder diese Krankheit noch irgendeine andere Krankheit, noch Angst oder Kummer. Bin ich denn nicht hier – ich deine Mutter? Stehst du nicht in meinem Schutz und Schatten? Bin ich nicht die Quelle deiner Freude? Bist du nicht in den Falten meines Mantels geborgen? Halte ich dich nicht in meinem Arm? Was ist es, was dir sonst noch fehlt? Nichts soll dich mehr ängstigen und verwirren! Auch die Krankheit deines Onkels soll dich nicht mehr quälen und bedrücken. Er wird an ihr nicht sterben. Nimm das in deinem Herzen sicher mit: Er ist schon gesund."

Die Jungfrau Maria machte dem kleingläubigen Indio Mut: „Bist du nicht in den Falten meines Mantels geborgen? Halte ich dich nicht in meinem Arm?"

Auf diese trostvollen Worte hin bittet Juan Diego die Jungfrau Maria, ihn doch nun gleich zum Herrn Bischof auszusenden, um ihm das Zeichen zu überbringen. „Steig auf den Gipfel, kleinster meiner Söhne! Dort wirst du eine Fülle bunter Blumen blühen sehen. Pflücke und sammle sie und lege sie zusammen! Dann bring sie hierher."

Auf dem Hügel angekommen, gerät Juan Diego außer sich vor Staunen. Herrliche schöne Rosen sind dort erblüht, mit weit geöffneten Blütenkelchen, in allen Farben und herrlich duftend, obwohl in dieser Jahreszeit alles noch vom bitteren Frost erstarrt ist. Sofort beginnt er, die Blumen zu pflücken und sammelt sie in seinem umgeschlagenen Umhang. Die Königin des Himmels ordnet den Strauß mit ihren Händen und legt ihn wieder in den Umhang zurück. „Mein kleinstes Söhnchen, diese bunten Blumen sind das untrügliche Zeichen, das du dem Bischof bringen wirst. Sag ihm von mir, dass er in ihnen meinen Wunsch erkennen und meinem Willen und Verlangen stattgeben soll. Du bist mein Botschafter. Du hast mein vollstes Vertrauen. Außerdem möchte ich, dass du in der Gegenwart des Bischofs deine Tilma öffnest und ihm zeigst, was du bei dir trägst. So wirst du bestimmt sein Herz überzeugen."

Im Bischofspalast angekommen, wirft sich Juan Diego gleich vor dem hohen Herrn nieder und erzählt noch einmal, was er gesehen und erlebt hat. Dann breitet er seinen weißen Umhang, die Tilma, aus. Als die herrlichen Rosen zu Boden fallen, erscheint auf dem Mantel das Bildnis der Mutter Gottes, in der Form und Gestalt, wie es jetzt noch existiert. Der Bischof sinkt auf die Knie und bricht in Tränen aus. Noch 1531 lässt er auf dem Hügel Tepeyac eine Kapelle errichten und darin das Gnadenbild Unserer Lieben Frau von Guadalupe aufstellen. Juan Diego lebt bis zu seinem Tod am 30. Mai 1548 dort in seiner bescheidenen Klause.

Als Juan Diego vor dem Bischof seine Tilma öffnet, fallen die herrlichen Rosen zu Boden und auf dem Mantel ist das Bildnis der Mutter Gottes.

Das Wunder von Guadalupe wird zur größten Bekehrungswelle in der Geschichte. Die Azteken, bewandert im Lesen von Symbolen, erkennen im Bild Unserer Lieben Frau einen indigenen Kodex, der es ihnen erlaubt, die Jungfrau von Guadalupe als eine der ihren anzuerkennen. Beim Anblick der wunderschönen Dame mit indianischen Zügen rufen sie in ihrer Muttersprache Nahuatl immer wieder voller Begeisterung aus: „Sie ist eine von uns!" Denn sie haben verstanden, das Bild zu deuten: Strahlend vor der Sonne stehend muss sie größer als ihr gefürchteter Sonnengott Huitzilopochtli sein. Mit einem Fuß auf dem Halbmond, dem Symbol für den gefiederten Schlangengott Quetzalcoatl, zeigt die Dame ihnen, dass sie diesen mächtigsten aller Aztekengötter besiegt hat. Die blaugrüne Farbe ihres Mantels – die Farbe der aztekischen Könige – deutet auf ihre Königswürde hin. Die 46 Sterne auf ihrem Mantel lassen erkennen: Sie ist größer als die Sternengötter des Himmels. Ihr anmutig in Verehrung geneigtes Haupt und die gefalteten Hände machen jedoch deutlich, dass auch sie einem in Ehrfurcht dient, der noch größer ist als sie. Und schließlich sehen sie im kleinsten aller Zeichen, dem schwarzen Kreuzchen am Halsausschnitt des Kleides, jenes christliche Symbol der Spanier wieder, das ihnen zu verstehen hilft: Die Religion der Eroberer ist auch die Religion der Jungfrau von Guadalupe und soll auch unsere werden. Was den Umhang und das Dekor der Sterne auf dem Mantel der Gottesmutter betrifft, ist inzwischen wissenschaftlich nachgewiesen, dass die Darstellung der Sterne eine exakte Kopie der Sterne am Himmel über Mexiko im Jahre 1531 ist. Jedoch sind die Sterne so angeordnet, wie sie von oben aus gesehen werden.

Die Azteken, bewandert im Lesen von Symbolen, erkannten im Bild Unserer Lieben Frau einen indigenen Kodex, der es ihnen erlaubte, die Jungfrau von Guadalupe als eine der ihren anzuerkennen.

Damit bewirkte Maria selbst eine gewaltige Welle von Bekehrungen, die alle Stämme, Rassen und Religionen Mexikos erfasste: Über neun Millionen Azteken in der größten Massenkonversion der Geschichte ließen sich taufen. Spanier und Indios, die sich vorher gegenseitig vollständig vernichten wollten, verbrüderten sich plötzlich anstatt Krieg zu führen. Ja, sie vermischten sich sogar als Blutsverwandte.

Maria bewirkte eine gewaltige Welle von Bekehrungen, die alle Stämme, Rassen und Religionen Mexikos erfasste. Beim Anblick der wunderschönen Dame mit indianischen Zügen riefen die Azteken in ihrer Muttersprache Nahuatl immer wieder voller Begeisterung aus: „Sie ist eine von uns!"

„Wenn ich es nicht mit eigenen Augen gesehen hätte, würde ich nicht wagen, es zu schildern", schrieb der Franziskanerpater Toribio. „Ich kann aber bezeugen, dass im Kloster Quecholac ein anderer Priester und ich selbst vierzehntausend und zweihundert Seelen in fünf Tagen tauften. Es war wahrhaftig keine kleine Arbeit." Vom flämischen Franziskanermissionar Peter van Ghent berichteten Zeitgenossen, dass er mit eigener Hand mehr als eine Million Mexikaner taufte. Die Missionare selbst waren überwältigt von den schier endlosen Menschenreihen, die nach Katechese und Taufe verlangten. Maria hatte sich offensichtlich als erbarmungsreiche Mutter ihres Volkes in der „Neuen Welt" erwiesen.

Nicht allein das Gnadenbild war für die Bekehrung der Mexikaner ausschlaggebend. Für die Indios, die alles erzählend weitergaben und ein erstaunliches Gedächtnis besaßen, waren ebenso die Worte der Gottesmutter entscheidend, die ihnen Juan Diego, der große Katechet der Indios, immer wieder bereitwillig wiederholte. Aus seinem Mund wuchs die lebendige Tradition von Guadalupe und seine Zuhörer verstanden: „Die Mutter der Christen ist schön. Sie will nichts für sich. Keine Menschenopfer, sondern nur ein kleines Haus. Sie ist demütig und droht uns nicht, sondern ihre Worte sind voll Trost und Mitleid."

Das Wort „Guadalupe", der Titel, mit dem sich die Gottesmutter Juan Bernardino bei seiner Heilung vorgestellt hatte, mag für den Indio in seiner Eingeborenensprache wohl wie „coatlaxopeuh" geklungen haben. Und das bedeutet, „welche die Steinschlange zerstört, zertritt, vernichtet".

Hier hat Maria etwas bewirkt, indem sie den Schwachen der Gesellschaft einen, durch Christus gegebenen neuen Seinszustand offenbart. Damit setzt sie in die Menschen das Bewusstsein einer Befreiung, die auch tatsächlich eine Änderung mit sich bringt. Eine Mutter, die eine gewaltfreie Revolution bis heute verkündet; denn jährlich besuchen zwanzig Millionen Pilger die Basilika in Guadalupe, das größte Marienheiligtum der Welt.

Jährlich besuchen zwanzig Millionen Pilger die Basilika in Guadalupe, das größte Marienheiligtum der Welt.

1737 wird die Madonna von Guadalupe zur Patronin Mexikos proklamiert, 1910 zur Patronin beider Amerikas. Das Bild Unserer Lieben Frau von Tepeyac ist zugleich alt und modern, mehrdeutig und verblüffend. Eine physische Realität und ein wissenschaftliches Rätsel, eine spirituelle Versöhnung und eine moderne Herausforderung.

Als den „Stern der Evangelisation" nannte sie Papst Johannes Paul II. War sie doch damals im Zeitalter der spanischen Konquistadoren die eigentliche Eroberin der Neuen Welt. Während die

Azteken die Herzen ihren Kinder aus dem Leib rissen und ihren grausamen Götzen opferten, weihen jetzt die Mexikaner ihre eigenen Herzen und die Herzen ihrer Kinder der Gottesmutter.

Eine Waffe mit 59 Kugeln und einem Kreuz entscheidet die Seeschlacht von Lepanto

Knapp vierzig Jahre nach den Erscheinungen Unserer Lieben Frau von Guadalupe erreichte eine Nachbildung des Gnadenbildes den europäischen Kontinent. Erzbischof Montufar von Mexiko ließ sie im Jahre 1570 an den König von Spanien überbringen. Das Bild sollte schon bereits ein Jahr später, am 7. Oktober 1571, bei der entscheidenden Seeschlacht von Lepanto, im Süden Griechenlands, Geschichte machen.

Lange genug schon hatten die Türken das christliche Abendland bedroht. In blutigen Eroberungskämpfen fielen sie immer tiefer in Europa ein. Ihre Invasion schien unaufhaltsam. Die christliche Insel Zypern, seit 1489 unter venezianischer Herrschaft, war schon 1570/1571 von den Osmanen erobert worden. Am längsten konnte das befestigte Famagusta den Angreifern standhalten. Nach langer Belagerung musste die Stadt schließlich kapitulieren. Die Türken sicherten den Bewohnern

Unversehrtheit zu. Am 4. August 1571 wurde die Stadt unter diesen Bedingungen übergeben. Am 5. August brachen die Osmanen jedoch die Vereinbarung und richteten ein Blutbad an. Alle Christen wurden in einem Massaker niedergemetzelt. Die muslimischen Eroberer schnitten ihren Feinden die Kehle durch oder enthaupteten sie. Der venezianische Kommandant wurde bei lebendigem Leib gehäutet und die Stadt zerstört.

Die Schreckensmeldungen aus Zypern führten schließlich zum Handeln. Die „Heilige Liga" versammelte die Seestreitkräfte der Republik Venedig, des habsburgischen Spaniens, mit den Königreichen Neapel und Sizilien, des Kirchenstaates, der Seerepublik Genua, des Malteser Ritterordens, des Herzogtums Savoyen, des Großherzogtums Toskana und des Herzogtums Urbino unter der päpstlichen Fahne. Zum christlichen Bündnis gehörte auch die Republik Lucca, die zwar über keine Schiffe verfügte, aber mit Waffen und Geld die Genueser Flotte unterstützte.

Vor dem Auslaufen der Flotte segnete der Papst Pius V. die Standarte. Auf rotem Grund zeigte sie das Kruzifix zwischen den Aposteln Petrus und Paulus. Darüber das Motto Kaiser Konstantins des

Großen: „In hoc signo vinces", in diesem Zeichen wirst du siegen.

In dieser furchterregenden Überlegenheit der Feindesmacht und der Angst vor dem bevorstehenden Untergang schien als letzte Möglichkeit nur noch das Gebet als ein Schutzwall gegen den unaufhaltsamen Vormarsch des Islam. Deshalb rief der Papst zum Rosenkranzgebet auf und stellte die ganze Christenheit unter den besonderen Schutz Mariens.

Während die Menschen weiterhin den Himmel bestürmten, bangten sie gleichzeitig um die kleine Flotte der Christen, die sich der zahlenmäßig weit überlegenen türkischen Seestreitmacht entgegenstellen musste. Zumal diese seit 1538 im Nimbus der Unbesiegbarkeit stand und fast das gesamte Mittelmeer beherrschte.

Der Oberkommandant der christlichen Schiffe war der erst 24 Jahre alte Ritter Johann von Österreich, der als Don Juan d'Austria in die Geschichte einging. Er bewahrte die erste Nachbildung „Unserer Lieben Frau von Guadalupe" wie einen kostbaren Schatz bei sich. Das ganze Unternehmen stellte er vertrauensvoll unter ihren mächtigen Schutz und ließ Rosenkränze verteilen. Auf allen

Schiffen wurde gebetet, Priester spendeten die Sakramente und feierten Eucharistie.

Der Oberkommandant der christlichen Schiffe war der erst 24 Jahre alte Ritter Don Juan d'Austria.

Um 9.30 Uhr lässt Don Juan nach dem Flotten-Gottesdienst vom Bord seines Flaggschiffes „Real" eine Signalkanone abfeuern. Ali Pascha, der türkische Befehlshaber, antwortet vom Bord seines Flaggschiffes „Sultana" in gleicher Weise. Daraufhin beginnt die Schlacht. Nun treffen an jenem schicksalsschweren 7. Oktober die beiden ungleichen Truppen aufeinander. Die türkische Flotte formiert sich in der Schlachtordnung eines zweifachen, riesigen Halbmonds, die Christen in einer kreuzförmigen Aufstellung. Über dem osmanischen Flaggschiff, auf dem sich Großadmiral Ali Pascha befindet, weht die grüne Admiralsflagge. Darauf 28 900 Mal der Name Allahs in Gold gestickt. Unter diesem Banner haben die Muslime Jahrhunderte lang immer Siege davon getragen. Auf der Flagge der „Heiligen Liga" erkennt man ein großes Kreuz. Der Schlachtruf der Christen ist „Viva Maria". Ali Pascha gilt als ein genialer Stratege. Seine Soldaten taktieren klug und kämpfen mit zähem Siegeswillen. Mit einem Mal sehen sich die Christen vom Feind eingekreist. Dazu scheinen sich auch noch die Kräfte der Natur gegen sie verschworen zu haben; denn es fehlt ihnen am notwendigen Rückenwind. Giovanni Andrea Dorias Schiff der Venezianer wird schnell ausmanövriert. Schon erleiden die Christen die ersten Verluste.

Fast wollen sie schon aufgeben. Sind sie doch hoffnungslos der muslimischen Streitmacht unterlegen. Da wirft sich in dieser ausweglosen Situation Don Juan d'Austria verzweifelt vor das Gnadenbild der Maria von Guadalupe. Auf den Knien fleht er sie Hände ringend um Hilfe an.

Seeschlacht von Lepanto in der Seeger Pfarrkirche Sankt Ulrich.

Was jetzt geschieht und nach menschlichem Ermessen unmöglich und aussichtslos erscheint, wird Wirklichkeit. Als der Kommandant wieder an Deck kommt, hat sich der Wind gedreht. Ein Sturm bricht los und fegt die türkischen Formationen auseinander. Nun können der christliche

Kommandant und seine Männer ihre Feuerkraft einsetzen.

Zur gleichen Stunde, wo draußen auf dem Meer der Kampf zu beginnen tobt, steht an den Fenstern seines Palastes der heilige Papst Pius V. mit dem Rosenkranz in der Hand. Gleichzeitig strömen in der Stadt Rom die Menschen in die Kirchen ebenfalls zum Rosenkranzgebet.

Einer der damaligen Chronisten beschreibt die Schlacht so:

10.00 Uhr. Ein leichter Westwind kommt auf. Beide Nordflügel drängen vorwärts.

10.20 Uhr. Zwei Galeassen von dem christlichen Geschwader beziehen Stellung.

10.30 Uhr. Zwei weitere venezianische Galeassen eröffnen das Feuer. Bereits mit dem dritten Schuss versenken sie eine türkische Galeere. Ihre Feuerkraft schlägt tiefe Breschen in die feindliche Schlachtordnung. Im Zentrum des Kampfgeschehens kommen viele türkische Galeeren vom Kurs ab. Ihre Ruderer sind verwundet oder tot. Die Trommeln, die ihnen den Takt angaben, sind verstummt.

10.40 Uhr. Die Geschwader am Nordflügel prallen aufeinander. Die Galeeren verhaken sich gegenseitig.

11.00 Uhr. Fünf türkische Galeeren kreisen das venezianische Flaggschiff ein. Mit Krummsäbeln und Spießen bewaffnet entern feindliche Elitekrieger das Flaggschiff der Republik San Marco. Admiral Agostino Barbarigo, der das Visier seines Helms geöffnet hat, um sich besser Gehör zu verschaffen, wird von einem türkischen Pfeil im rechten Auge getroffen und tödlich verletzt. Die Türken verstärken ihren Sturm auf die Galeere. Nur mit letzter Anstrengung können die Venezianer ihr Schiff halten, bis ihnen eine Galeere aus dem Reservegeschwader zu Hilfe kommt. Der Kampf tobt erbittert weiter. Endlich gelingt es der „Liga", allmählich die türkischen Galeeren gegen die nahen Klippen zu drängen. Viele Muslime springen von Bord und versuchen, schwimmend das Land zu erreichen.

Zur gleichen Zeit gibt Ali Pascha den Befehl, mit der „Sultana" direkten Kurs auf Don Juans Flaggschiff zu nehmen. Im Pfeilhagel der Bogenschützen und im Krachen der Brandbomben prallen die beiden Schiffe aufeinander. Die Elitetruppe des Sultans kämpft an vorderster Front gegen die Leibtruppe Don Juans. Dieser schlägt mit dem Schwert die an Bord drängenden Türken zurück.

Dabei wird er am Bein verletzt. Hunderte Kämpfer schlagen mit Schwertern und Säbeln in einem blutigen Nahkampf gegeneinander. Endlich gelingt es den Spaniern, die Türken zurückzudrängen und sie entern die „Sultana". Ali Pascha wird von einer Kugel in die Stirn getroffen. Beim Anblick ihres tödlich verwundeten Admirals erlahmt noch mehr der Widerstandswille seiner Soldaten.

13.20 Uhr. Alle türkischen Galeeren sind erobert oder versenkt. Unzählige Soldaten des Sultans sind gefallen. Nach fünfeinhalb Stunden Kampf ist die Schlacht für die „Heilige Liga" siegreich beendet. Die Türken setzen 30 ihrer Schiffe selbst auf Grund, über 60 weitere werden versenkt. Der Nimbus der Unbesiegbarkeit der osmanischen Mittelmeerflotte ist gebrochen. Bevor die Sonne untergeht, ist der Sieg entschieden, Europa befreit.

Das Flaggschiff des Admirals Don Juan blieb als einziges total unversehrt. In seiner Kabine befand sich das Gnadenbild Unserer Lieben Frau von Guadalupe.

Die Galeerensträflinge, die auf den christlichen Schiffen rudern mussten, wurden freigelassen. Im Hafen von Recanati gingen sie an Land und zogen in einer Prozession zum nahegelegenen

Loreto. Dort im „Haus der Gottesmutter" schenkten sie Maria ihre Ketten, mit denen man sie an die Ruderbank gefesselt hatte. Aus diesen Ketten wurden die Gitter geschmiedet, die noch heute die Altarräume der Kapellen abtrennen.

Die Standarte der christlichen Flotte brachte der päpstliche Admiral Colonna nach Gaeta in die Kathedrale Maria Himmelfahrt. Dort wird sie noch heute aufbewahrt.

Mit unbeschreiblichem Jubel wurde die Nachricht von der Niederlage der Türken in der ganzen christlichen Welt aufgenommen. Der Papst führte den 7. Oktober als neuen Festtag ein: „Unserer Lieben Frau vom Sieg". Papst Gregor XIII. benannte das Fest in „Unsere Liebe Frau vom Rosenkranz" um. Seither gebraucht die Kirche für Maria offiziell den Titel Auxilium Christianorum, Hilfe der Christen.

Eine Kampfparole befreit Wien von der Türkenbelagerung

Mit der Schlacht von Lepanto war die osmanische Bedrohung noch nicht abgewendet. 1573 kündigte Venedig seinen Bund mit der christlichen Liga. Damit verzichtete die Stadt auf Zypern. Zudem zahlte sie dem türkischen Sultan 100000 Dukaten pro Jahr, um den Handel in der Levante nicht zu gefährden. Diese Unfähigkeit zum Zusammenhalt gegen die islamische Bedrohung machte es möglich, dass 110 Jahre später die Türken Wien belagern konnten.

1683 war das osmanische Heer in Richtung Wien vorgestoßen. Nach diesem „goldenen Apfel" sollte das übrige Deutschland erobert und der Kirchenstaat besetzt werden. Den Petersdom wollte man in einen Pferdestall umwandeln.

Die feindliche Streitmacht erreichte am 14. Juli Wien. 200000 Infanteristen und Kavalleristen bildeten das türkische Heer. Dazu 300 Geschütze. Den Oberbefehl führte Großwesir Kara Mustafa (1676-1683).

Den Türken gegenüber standen unter General Ernst Rüdiger Graf von Starhemberg 11000 Mann vom kaiserlichen Heer mit 370 Geschützen, 20 Kompanien Bürgerschaft, 3 Kompanien Studenten, insgesamt etwa 20000 Mann.

Kaiser Leopold I. hatte eigentlich Priester werden wollen. Als sein Bruder Ferdinand starb, der als Thronfolger vorgesehen war, musste er nun die Krone des Reiches tragen. Angesichts der Türkengefahr pilgerte Leopold mit seiner Gemahlin und begleitet vom gläubigen Volk täglich den Maria-Hilf-Berg hinauf, um die Fürbitte der Muttergottes zu erflehen.

Außerdem holte er seinen Freund, den später selig gesprochenen Kapuzinerpater Marco d'Aviano, als Berater und Seelsorger zu sich.

Papst Innozenz XI. rief die gesamte Christenheit zu einem vierzigstündigen Gebet für die Abwendung der Gefahr auf. Gleichzeitig setzte er sich diplomatisch für die Eintracht unter den gekrönten Häuptern des Abendlandes ein.

Der polnische König Jan Sobieski sah zu Beginn des Jahres 1683 die drohende Gefahr deutlich voraus. Es war ihm klar, welche Gefahr dem gesamten Abendland einschließlich Polen drohte.

Voller Vertrauen auf die Gottesmutter pilgerte er nach Tschenstochau und legte ihr sein Schwert zu Füßen. Am Tag der Himmelfahrt Mariens brach er von Krakau aus auf, um dem Kaiser zu Hilfe zu eilen.

Die osmanischen Truppen waren schon siegreich durch Ungarn gezogen und vereinigten sich am 24. Juni mit dem Tatarenheer. Am 14. Juli begann die Belagerung Wiens. Kara Mustafa richtete ein Ultimatum an die Bürger der Stadt: „Entweder Islam oder Tod. Sonst wird die Entscheidung in unserem Streit dem Schwert überlassen." 61 Tage lang gruben 5000 osmanische Mineure ein gigantisches Netz von Laufgräben und ein unterirdisches Tunnelsystem zu der bestbefestigten Stadt Europas. Mit 41 Sprengungen hatten sie sich bis an die Stadtmauer herangepirscht. Die entscheidende Sprengung konnte von den Verteidigern in letzter Sekunde vereitelt werden.

Schon hatten die Feinde die Vororte erobert und verkauften die christlichen Gefangenen an islamische Sklavenhändler. Während der ersten Septembertage verschärfte sich die Lage in dem belagerten Wien noch mehr durch Hunger und ausbrechende Seuchen. 48000 Mann von den türkischen Hilfstruppen setzten sich bereits vom Hauptheer ab und begannen, die Umgegend auszuplündern. Am 11. September gelang es den Osmanen, einen Teil der Stadtmauer zu sprengen. Der Sturmangriff stand unmittelbar bevor. Gleichzeitig ging den Verteidigern die Munition aus. 30000 Mann der Türken setzten die Belagerung Wiens fort.

Endlich erreichte am 11. September das christliche Entsatzheer unter dem Oberbefehl König Jan Sobieski mit 80000 Mann und 152 Geschützen vom Westen her kommend den Wienerwald. Am Morgen des 12. September gab Marco d'Aviano die Parole „Maria Hilf" als Losung für die Entscheidungsschlacht am Kahlenberg aus. Vorher hatte der Kapuzinerpater in der niedergebrannten Kirche des Kamaldulenserklosters die Eucharistie gefeiert. König Jan Sobieski hatte ihm ministriert. Dann rückten die Truppen zum Kampf aus.

Von den 13000 polnischen Reitern gehörten 3000 zu einer auf schnelle Attacken spezialisierten Truppe. Mit ihren langen Lanzen konnten sie leicht die gegnerischen Reihen aufbrechen. Sofort eröffneten sie die Schlacht mit einem Angriff auf dem rechten Flügel und im Zentrum. In einer zweiten Welle begannen sie eine weitere Attacke.

Dabei folgte ihr die gesamte Kavallerie. Nach hartem Ringen wurde Kara Mustafas Lager auf dem rechten Flügel erobert. Gegen 18.00 Uhr befand sich das Heer der Türken in Auflösung.

König Jan Sobieski sendet an den Papst die Siegesbotschaft über die Türken vor den Toren Wiens.

Später berichteten die muslimischen Soldaten, sie seien fahnenflüchtig geworden, als sie in der Schlacht einen riesigen Mönch mit einem hocherhobenen Kreuz erblickten. Dieser schien immer größer zu werden. Da seien sie in große Panik geraten und hätten sich zur Flucht gewandt. Pater

Marco war allerdings von kleiner Gestalt. Er ging gebückt und hinkte.

Die muslimischen Soldaten sahen plötzlich in der Schlacht einen riesigen Mönch mit einem hocherhobenen Kreuz, der sie in die Flucht schlug.

Damit war am 12. September 1683 der zweite Versuch des Osmanischen Reiches gescheitert, sich den „Goldenen Apfel" Wien und damit das christliche Europa einzuverleiben. Daraufhin setzte der selige Papst Innozenz XI. den Festtag „Mariä Namen" für die ganze Kirche verbindlich fest.

Ein Degen für die Madonna

Seit Jahren fordern im 16. Jahrhundert sowohl Humanisten als auch Bischöfe eine Reform der Kirche und ihrer Geistlichkeit. Die Gotteshäuser leeren sich. Die Moral der Ordensgeistlichen und Gemeindepfarrer steht auf dem Tiefpunkt. Die Priester sind ungebildete Leute. Die Folge dieser Missstände kann nicht ausbleiben. Es kommt, was kommen muss: die protestantische Reformation. Kaiser Karl V. drängt auf die Einberufung eines neuen Konzils. Schließlich wird im Jahr 1545 im oberitalienischen Trient die Kirchenversammlung eröffnet. Die Konzilsväter machen klare Aussagen: Der Glaube speist sich aus zwei Quellen: aus der Bibel und aus der kirchlichen Überlieferung. Das Seelenheil hängt von Gott ab. Aber auch von dem tatkräftigen Mitwirken des Gläubigen. Es gelten nach wie vor die sieben Sakramente. Brot und Wein des Abendmahls beinhalten tatsächlich und körperlich Jesus Christus. Es werden genaue Regeln hinsichtlich der Kirchendisziplin aufgestellt.

Die Umsetzung der Kirchenreform hätte ohne den persönlichen und selbstlosen Einsatz vieler

Bischöfe nicht erfolgen können. Der später heilig gesprochene Karl Borromäus, seit 1560 Erzbischof von Mailand, ist einer von ihnen. Er bereist sein Bistum, gründet ein großes Priesterseminar und achtet auf die Einhaltung der Disziplin bezüglich der Geistlichkeit. Außerdem gründet er Hospitäler und Schulen. Viele Gegner aus Klerus und Adel behindern seine Arbeit, weil er die Reformbeschlüsse des Tridentiner Konzils unbeirrt durchsetzt und Privilegien abschafft. Seine Aufhebung des Humiliatenordens veranlasst 1569 sogar einige Mönche zu einem Attentat mit Schusswaffen, das Karl wie durch ein Wunder unverletzt überlebt.

Borromäus gewinnt dafür das Herz des Volkes. Die einfachen Menschen vergessen nie, wie sehr er sich während der Pest- und Hungerepidemie im Jahr 1576 monatelang persönlich um die Kranken und Sterbenden gekümmert hat. Aus dem Erlös seines verkauften Besitzes erwirbt er Getreide, während er fast nur von Brot und Wasser lebt. Bei all seinen Reformbemühungen wendet er sich immer wieder voller Vertrauen an die Gottesmutter und bittet um ihre Hilfe, indem er zu ihren Heiligtümern pilgert und 130 marianische Gruppen gründet. Die Arbeit bedeutet für ihn Gebet. Er ist bemüht, die Kirche von der Sklaverei des Staates zu befreien. In seinem unermüdlichen Einsatz für die Erneuerung des Gottesvolkes im Geist des Evangeliums macht er oft die Nacht zum Tag. Einem besorgten Mahner um seine Gesundheit antwortet er: „Bischöfe müssen wie Heerführer sein. Sie sollen wie im Krieg sitzend auf einem Stuhl schlafen."

Während der Pest- und Hungerepidemie im Jahr 1576 kümmert sich Karl Borromäus monatelang persönlich um die Kranken und Sterbenden.

Ein weiterer Vorreiter der kirchlichen Reform ist Ignatius von Loyola. Im Jahr 1509 tritt er in den

Dienst von Antonio Manrique de Lara, des Herzogs von Nájera und Vizekönig von Navarra. Seine Diplomatie und Führungsqualitäten machen ihn bald zu einem „Kriegshelden". In vielen Schlachten bleibt er unverletzt. Doch am 20. Mai 1521 trifft ihn bei der Verteidigung der Festung Pamplona eine Kanonenkugel am Bein.

Der „Kriegsheld" Ignatius von Loyola wird bei der Verteidigung der Festung Pamplona durch eine Kanonenkugel am Bein schwer verletzt.

Während der Zeit seiner Rekonvaleszenz beginnt Ignatius eine Reihe von religiösen Texten über das Leben Jesu und der Heiligen zu lesen. Dabei entdeckt er den großen und tiefen Ernst der Nachfolge Christi. Nach einer Zeit der Einsamkeit in Manresa unternimmt Ignatius eine Marienwallfahrt auf den Berg Monserat. Auf dem Weg dorthin tauscht er mit einem Bettler seine Kleider. Kurze Zeit später wird er verhaftet. Trägt er doch nicht mehr das kostbare Gewand des stolzen Grafensohns Ignatius. Oben auf dem Monserat verbringt er die Nacht vor dem 25. März, dem Fest der Verkündigung des Engels an Maria, vor dem Bild der „Schwarzen Madonna". In Lumpen des Bettlers gehüllt und mit einem Pilgerstab in der Hand hängt Ignatius seinen Degen an ihr Bild. Damit beginnt für den einst stolzen Kämpfer ein neues Leben. Was sich jetzt in seiner Seele abspielt, gehört dieser Frau und Mutter, die so sehr für Jesus gelebt hat. Von jetzt an will auch er so leben wie sie.

Ein paar Jahre später empfängt Ignatius die Priesterweihe. Doch er traut sich nicht, die heilige Messe zu feiern. Aus der Sorge, unwürdig zu sein, schiebt er seine Primiz auf. Er betet zu seiner „Herrin", dass sie ihm Christus näher bringen möge. Über Monate hinweg wiederholt er immer wieder seine Bitte. Auf einer Pilgerschaft nach Rom bekommt Ignatius in der kleinen Kapelle von La Storta die Gewissheit geschenkt: Meine Bitte ist erhört. Der himmlische Vater hat mir Christus als Weggefährten geschenkt. Ignatius zieht weiter nach Rom. Dort feiert er in der Kirche Maria Maggiore seine erste heilige Messe.

Ignatius von Loyola während seines Aufenthalts in Rom.

Im Jahr 1534 gründet er mit wenigen Freunden die „Societas Jesu", die 1540 ihre Anerkennung durch den Papst erreicht. Der Hauptgegenstand seiner Erneuerungsbewegung ist die Verbesserung der Priesterausbildung durch die Gründung von Priesterseminaren und die Bekämpfung von Simonie und Ämterhäufung. Auch der Handel mit dem Ablass wird abgeschafft, der ja ein wesentlicher Reibungspunkt bei Luther und für die Auslösung der Reformation mit verantwortlich gewesen ist.

Einer der ersten Gefährten des Ignatius von Loyola bei der katholischen Reformation ist Petrus Canisius. 1543 tritt er als Novize in den Jesuitenorden ein. Nachdem er 1549 von Papst Paul III. den Auftrag zur „Neu-Evangelisierung" erhalten hat, zieht er über die Alpen, durchwandert als Glaubensträger fast alle Regionen Deutschlands, Österreichs, bis nach Böhmen und Polen. Auf seinen vielen Reisen begegnet er einem unbeschreiblich tief gesunkenen, moralischen Elend. Vor allem ausgelöst durch das Unwissen der Menschen. Canisius schreibt seinen weltberühmten Katechismus, der in fast alle Kultursprachen der Erde übersetzt wird. Seine gradlinige Art verleiht ihm Respekt, wenn er immer wieder betont: „Es ist falsche Politik,

Diskussionen mit Leuten über den Glauben zu führen, die nur disputieren wollen." Viele Fürsten und Würdenträger suchen seinen Rat. Seine Ansprachen bereitet er sorgfältig vor und arbeitet sie weitgehend schriftlich aus. Um den Glauben seiner Zuhörer zu festigen und zu vertiefen, predigt Canisius volkstümlich, verständlich und klar. Mit strittigen Glaubensfragen setzt er sich sachlich auseinander. Dabei stützt er sich hauptsächlich auf die Bibel, zitiert häufig die Kirchenväter und verteidigt die katholische Lehre, ohne gehässig gegen den Protestantismus zu polemisieren. Canisius besucht im Geist der Bergpredigt Kranke. Er versorgt sie mit Medikamenten, bringt ihnen die Kommunion und betet mit den Sterbenden. In Wien kümmert er sich besonders um verwundete Soldaten, die von der Front gegen die Türken heimkehren. Da sie keinerlei Unterstützung bekommen, besorgt er ihnen Unterkünfte, Kleidung, Verpflegung und organisiert für sie medizinische Betreuung.

*Die Verehrung seiner himmlischen Mutter Maria ist für Petrus
Canisius eines der sichersten Mittel, um seine Berufung in der
Neu-Evangelisierung zu erfüllen.*

In seinem großen Vertrauen auf die Fürsprache
der Gottesmutter bei seiner Evangelisation Europas
besucht Petrus Canisius ihre großen Heiligtümer

in Aachen, Altötting, Marienbaum, Einsiedeln und Loreto. Am Ende seines Lebens gesteht er: „Wer immer berufen ist, Jesus Christus zu verherrlichen, dem bietet sich in der Verehrung seiner himmlischen Mutter eines der sichersten Mittel, um diesem Beruf nachzukommen."

Eine schöne Dame
verrät ihren Namen

Lourdes ist eine französische in den Pyrenäen, nahe der spanischen Grenze, gelegene Stadt. Der Ort war mit seiner Festung im Mittelalter ein strategisch wichtiger Punkt. Nach der Legende hatte 778 der Sarazenen-Fürst Mirat mit seinen Truppen das Bollwerk eingenommen. Doch konnte es der Kaiser schließlich erobern. Bei der Kapitulation soll der muslimische Herrscher seine Waffen zu Füßen des Gnadenbildes Notre-Dame du Puy niedergelegt haben. Daraufhin habe er sich zum Christentum bekehrt und den Namen Lorus angenommen. Daraus sei der Ortsname Lourdes entstanden.

Inzwischen ist aus dem Pyrenäennest einer der größten christlichen Wallfahrtsorte geworden. Mit Eisenbahnanschluss, Kathedrale, Hospitälern, Hotels, Restaurants, Devotionalien- und Souvenirgeschäften. Sieben bis acht Millionen Pilger erwartet die Stadt jedes Jahr. Sie alle erflehen die Erhörung ihrer Bitten oder erhoffen sich Heilung, wo die Ärzte alle Hoffnung aufgegeben haben. Und das kam so:

Man schreibt den 11. Februar 1858. Bernadette Soubirous, ihre Schwester Antoinette und ihre Freundin Jeanne Abadie wollen Holz suchen. Die Eltern sind arm und können es sich nicht leisten, teuren Brennstoff zu kaufen. Der Vater, nach einem Unfall halb blind, hat die von der Mutter in die Ehe eingebrachte Mühle aufgeben müssen und verdingt sich als Tagelöhner. Die Mutter arbeitet als Wäscherin. Die Familie wohnt in einem heruntergekommenen Gebäude, das vorher als Gefängnis gedient hatte. Bernadette leidet seit frühester Kindheit an Atembeschwerden und ist insgesamt in ihrer körperlichen Entwicklung stark zurückgeblieben. Schulisch und religiös ist sie ungebildet. Erst mit 14 darf sie zur Erstkommunion gehen. Als Analphabetin hatte sie vorher keinen Zugang zum Katechismusunterricht.

Ihre beiden Begleiterinnen entdecken plötzlich bei der nahe gelegenen Grotte Massabielle Holz. Diese Grotte ist völlig unspektakulär. Dort sammelt sich der Abfall der Stadt. Ein erbärmlicher, schmutziger Ort. Nur der Schweinehirt führt dorthin seine Herde zur Tränke. Plötzlich hört Bernadette ein Geräusch wie eine Windböe. Aber kein Baum bewegt sich. Das Mädchen hebt den Kopf und sieht in der Vertiefung des Felsens eine kleine von Licht umhüllte junge Dame, die sie anschaut und ihr zulächelt. Der Kontrast könnte nicht größer sein zwischen dieser dunklen, feuchten Höhle und der Anwesenheit der Gottesmutter. Die Tatsache, dass sie in einer schmutzigen und dunklen Grotte erscheint, mag bedeuten, dass Gott dem Menschen gerade da begegnen möchte, wo er gerade steht. Mit seinen Verletzungen, Zerbrechlichkeiten, Armseligkeiten und Grenzen.

Die Grotte von Massabielle, der Erscheinungsort der Mutter Gottes.

„Die Dame hatte ein weißes Kleid, einen blauen Gürtel und eine goldene Rose in der Farbe ihres Rosenkranzes auf jedem Fuß", berichtet später Bernadette. „Als ich das sah, rieb ich mir die Augen, weil ich dachte, mich zu täuschen. Ich steckte die Hand in meine Tasche. Dort fand ich meinen Rosenkranz. Ich wollte mich bekreuzigen, konnte aber die Hand nicht zur Stirn heben. Sie zitterte und fiel mir herunter. Die Dame bekreuzigte sich. Ich versuchte, es ihr nachzumachen. Und jetzt konnte ich es. Sobald ich das Kreuzzeichen gemacht hatte, war jede Furcht verschwunden. Ich kniete mich hin und betete meinen Rosenkranz. Die Dame ließ die Perlen ihres Rosenkranzes durch die Hand gleiten, bewegte dabei aber nicht die Lippen. Als ich meinen Rosenkranz beendet hatte, machte sie mir ein Zeichen, näherzukommen. Aber ich wagte es nicht. So verschwand sie plötzlich."

Bis zum 16. Juli kommt es zu 17 weiteren Erscheinungen. Bei der dritten spricht die Dame zum ersten Mal. Bernadette reicht ihr ein Blatt Papier und einen Stift, damit sie ihren Namen aufschreibe. Aber die Dame erwidert: „Das, was ich Ihnen zu sagen habe, muss nicht aufgeschrieben werden." Eine außergewöhnliche Aussage. Damit wird für

Bernadette das Gebet zu einer freundschaftlichen Begegnung, zu einem Zwiegespräch von Herz zu Herz. Keine Pflichterfüllung, kein heruntergeleiertes Aufsagen auswendig gelernter Texte, sondern ein Treffen voller Vertrauen und Herzlichkeit.

Für Bernadette wird die Begegnung mit der „schönen Dame" zu einem Zwiegespräch von Herz zu Herz.

Am 14. Februar beginnt die Erscheinung wiederum zu sprechen: „Wollen Sie mir die Güte erweisen, zwei Wochen lang hierher zu kommen?" Bernadette ist ganz durcheinander. Es ist das erste Mal, dass man „Sie" zu ihr sagt. Später berichtet sie: „Sie schaute mich an, wie eine Person eine andere Person anschaut." Dieses arme, ungebildete Mädchen erfährt in dem höflichen Wort „Sie" eine ungewohnte Wertschätzung. Die Dame erteilt keine Aufträge, sondern bittet das Kind freundlich, auch weiterhin zur Grotte zu kommen. Gerne erfüllt Bernadette den Wunsch. Immer mehr Menschen besuchen den Ort.

Während der ersten sieben Marienerscheinungen hat Bernadette einen Gesichtsausdruck, der Freude und Glück ausstrahlt. Aber am 24. Februar ist ihre Miene ernst und traurig. Plötzlich rutscht sie einige Schritte auf den Knien und küsst dann die Erde. Unverständliche Gesten, die die Umstehenden erschrecken. „Buße! Buße! Buße! Beten Sie für die Umkehr der Sünder. Küssen Sie die Erde als Buße für die Sünder", hat sie die Dame gebeten.

Am 25. Februar kniet sich Bernadette auf den Boden und beginnt, mit beiden Händen zu graben. Bis ein kleines Loch entsteht, in dem Wasser zusammenläuft. Den Schlamm nimmt sie in beide Hände. Führt ihn zum Gesicht. Schüttelt ihn aber mit einem Ausdruck des Abscheus wieder weg. Das geschieht zweimal. Sie scheint das schlammige Wasser trinken zu wollen. Aber ihr Widerwillen gegen das Schmutzwasser ist zu groß. Beim vierten Mal überwindet sie ihre Abneigung. Sie trinkt das Wasser und wäscht sich damit. Eigentlich schmiert sie sich den Schlamm ins Gesicht. Dann nimmt sie eine Handvoll Gräser und isst sie. Als Bernadette wieder aufsteht und alle ihr verschmiertes Gesicht sehen, erschrecken die Menschen und erklären sie für „wahnsinnig". Andere urteilen enttäuscht und verständnislos über das Gesehene. Für sie ist das Mädchen jetzt nur noch ein Dreckskind.

Später erklärt Bernadette ihr Verhalten: „Die Dame sagte mir: ‚Trinken Sie aus der Quelle und waschen Sie sich darin. Essen Sie von den Kräutern, die dort wachsen.' Weil ich kein Wasser sehen konnte, gab sie mir ein Zeichen und deutete mir mit dem Finger, unter den Felsen zu gehen. Ich begann zu graben und fand etwas Wasser wie eine Pfütze. So wenig, dass ich es mit Mühe in die hohle Hand nehmen konnte. Dreimal schüttete ich es weg, weil es so schmutzig war. Beim vierten Mal konnte ich davon trinken."

Das schmutzige Wasser klärt sich in den kommenden Tagen. Eine Quelle beginnt zu fließen.

Bei der dreizehnten Erscheinung wendet sich die Dame an Bernadette: „Sagen Sie den Priestern, dass man hier eine Kapelle bauen und in Prozessionen hierher kommen soll." Prozession bedeutet Gemeinschaft untereinander. In Lourdes sind später diverse Kapellen und eine große Basilika gebaut worden, um die vielen Pilger aufzunehmen.

Aber noch ist es nicht so weit. Weder die Priester noch die staatlichen Vertreter schenken dem ungebildeten, kranken, aus sozial schwachen Verhältnissen stammenden Mädchen Glauben. Doch die gleich bleibende Genauigkeit ihrer Berichte und die zunehmende Zahl der Menschen, die durch das Wasser der Quelle und während der Prozessionen geheilt werden, besitzen ihre eigene Überzeugungskraft.

Am frühen Morgen des 25. März, am Fest der Verkündigung des Herrn, fühlt sich Bernadette wieder unwiderstehlich zur Grotte hingezogen. Dort betet sie wie bei allen 18 Erscheinungen mit der Dame den Rosenkranz. Das „Ave Maria" betet jedoch die Dame nicht mit. Erst wieder beim „Ehre sei dem Vater" und dem „Vater unser" bewegt sie ihre Lippen. Auf Drängen des Pfarrers Peyramale von Lourdes stellt jetzt Bernadette der Dame die

Frage, die auch ihr schon lange unter den Nägeln brennt: „Mademoiselle, würden Sie mir bitte die Güte erweisen, mir zu sagen, wer Sie sind?" Die Dame lächelt. Antwortet aber nicht. Bernadette wiederholt ihre Bitte noch zweimal. Jedes Mal lächelt die Dame. Aber Bernadette lässt nicht locker. Beim vierten Mal bekommt sie eine Antwort: Die Dame öffnet ihre gefalteten Hände und breitet sie zur Erde aus. Dann faltet sie die Hände wieder über der Brust, hebt die Augen zum Himmel und sagt im örtlichen Dialekt: „Que soy era Immaculada Councepciou – ich bin die Unbefleckte Empfängnis."

Die jungfräuliche Empfängnis ist schon in den frühchristlichen Glaubensbekenntnissen schriftlich bezeugt. Jesus wird dort als der vom Heiligen Geist und aus der Jungfrau Maria Geborene bezeichnet. Spätestens seit dem Beginn des 3. Jahrhunderts gehört diese Aussage zum Bestand der in der Liturgie gebräuchlichen Gebete. Sie wird dann auch von den konziliaren Glaubensbekenntnissen des 4. und 5. Jahrhunderts übernommen. So erklärt das Konzil von Konstantinopel im Jahr 381: „Für uns Menschen und um unseres Heiles willen ist er vom Himmel herabgestiegen. Er hat Fleisch angenommen durch den Heiligen Geist aus Maria, der Jungfrau, und ist Mensch geworden." Diese katholische Glaubensüberzeugung wird von Papst Pius IX. 1854 als Dogma verkündet: „Die Lehre, dass die seligste Jungfrau Maria im ersten Augenblick ihrer Empfängnis durch ein einzigartiges Gnadenprivileg des allmächtigen Gottes, im Hinblick auf die Verdienste Jesu Christi, des Erretters des Menschengeschlechtes, von jedem Schaden der Erbsünde unversehrt bewahrt wurde, ist von Gott geoffenbart und darum von allen Gläubigen fest und beständig zu glauben."

Die Nennung des Namens der Dame bedeutet gleichsam die Unterschrift unter ihre Botschaften. Die Gottesmutter verrät an diesem Tag der Menschheit ihre Berufung: Sie ist die Mutter Jesu. Ihr ganzes Sein besteht darin, für den Sohn Gottes da zu sein. Sie ist unbefleckt. Ganz rein, damit Gott in ihr Wohnung nehmen kann. Aber auch die Christen dürfen durch ihren Lebensstil Zeugen für Gott werden und mit Maria Licht, Hoffnungsträger für die Menschen sein.

Bernadette läuft sofort zum Pfarrer, um ihm den Namen der Dame zu übermitteln. Dieser ist zutiefst erschüttert und schockiert. Vier Jahre vorher war das Dogma von der „Unbefleckten Empfängnis" verkündet worden. Dass Bernadette mit ihrer mangelnden Bildung davon gehört haben konnte, erscheint dem Priester absolut unmöglich. Dem Mädchen ist diese Bezeichnung tatsächlich so unbekannt, dass es beim Zurücklaufen die Worte der Madonna immer wiederholt hat. Der Pfarrer ist nun von der Echtheit der Erscheinungen in der Grotte Massabielle überzeugt, was auch später Bischof Laurence von Tarbes bestätigt.

Bernadette tritt 1866 in das Kloster Saint-Gildard der Barmherzigen Schwestern in Nevers ein. Dort bekommt sie den Ordensnamen Marie Bernarde. Marie-Thérèse Vauzous ist ihre Novizenmeisterin und spätere Superiorin. Bereits in der Schule war sie ihre Religionslehrerin und Bernadette nicht sehr gewogen. Sie lehnt die Visionen von Lourdes ab. Bernadette kann nie mehr zur Grotte von Massabielle zurückkehren. Sie wird im Kloster immer wieder gedemütigt und erniedrigt. Über ihre Vergangenheit darf nicht gesprochen werden. Doch alle Enttäuschungen können sie nicht von der Liebe zu jener Dame abbringen. Als eine ihrer Mitschwestern Bernadette die Frage nach ihrem Platz in der Kirche stellt, antwortet sie: „Ein Besen. Was tut man mit einem Besen? Man kehrt mit ihm. Und anschließend stellt man ihn hinter die Tür in die Ecke. Das ist mein Platz. Maria hat mich benutzt und nun in die Ecke gestellt."

Die Worte der Dame haben sich in ihrem Leben buchstäblich erfüllt: „Ich verspreche nicht, Sie in dieser Welt glücklich zu machen, aber in der anderen." Jedoch weiß sie: Durch die Erscheinungen der Dame haben sich Himmel und Erde berührt. „Die Grotte war mein Himmel", sagt sie später. Bernadette verbringt ihr Leben im Kloster als gewöhnliche Schwester bis zu ihrem frühen Tod mit 35 Jahren an Knochentuberkulose. Sie selbst wird nicht geheilt: „Die Grotte ist nicht für mich", ist ihre Antwort darauf.

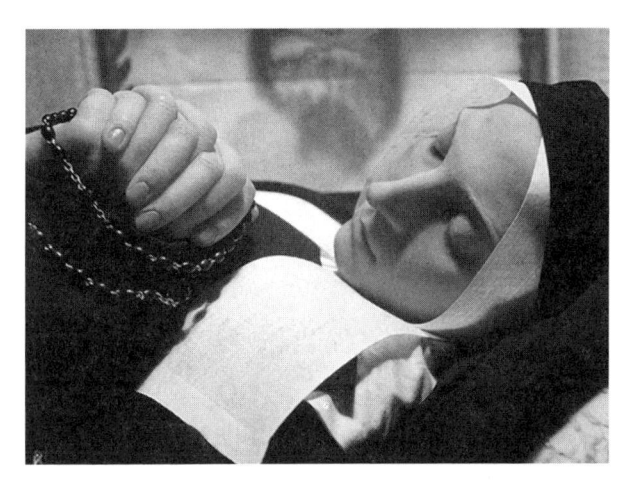

Mit 35 Jahren stirbt Bernadette an Knochentuberkulose. Sie selbst wird nicht geheilt: „Die Grotte ist nicht für mich", ist ihre Antwort darauf. Ihr Leib ist bis heute unverwest.

Was ist letztlich der Inhalt der Botschaften von Lourdes? Er deckt sich mit dem zentralen Ruf der Evangelien: „Kehrt um und glaubt! – Metanoia, tut Buße!" Buße bedeutet Hinwendung zu Gott. Die Bereitschaft, ihn im Leben wirken zu lassen. Das ist kein einmaliger Akt, sondern wird zu einer Lebenshaltung. Ein Bild dafür ist das Waschen und Trinken aus der Quelle von Lourdes. Auch als Erinnerung an die eigene Taufe mit der Aufforderung, als Kinder Gottes den Alltag zu meistern.

Lourdes ist auch ein Ort der Zuwendung Gottes den Armen gegenüber. Kranke und Leidende stehen im Mittelpunkt der Wallfahrten. Sie erfahren hier Stärkung, Zuwendung und Hilfe: Durch tägliche Krankensegnung mit dem Allerheiligsten und durch das Sakrament der Krankensalbung, das im Heiligtum täglich gespendet wird. Viele betonen, dass sie hier neue Hoffnung geschöpft, „die Batterien aufgeladen" und neue Kraft für den Alltag gefunden haben.

In Lourdes stehen Kranke und Leidende im Mittelpunkt der Wallfahrten. Sie erfahren hier Stärkung, Zuwendung und Hilfe.

Viele Pilger erfahren Lourdes als einen Ort, an dem sie wieder das Beten lernen. Vor allem in der Erscheinungsgrotte, die nie leer ist. Aber auch bei den großen Gottesdiensten, bei der Lichterprozession mit dem Rosenkranzgebet an jedem Abend in allen Sprachen der Welt.

In Lourdes ist das Volk Gottes auf dem Weg. Hier treffen sich Kontinente und Rassen, Länder und Kulturen, Junge und Alte, Gesunde und Kranke in Harmonie, Frieden und Geschwisterlichkeit. Gesänge und Musik aus allen Ländern erklingen wie in einem neuen Pfingsten: Alle loben sie Gott. Jeder in seiner Sprache. Und sie verstehen einander.

In Lourdes geschehen seit den Erscheinungen viele Heilungen, die medizinisch nicht erklärbar sind. Von bisher über 7 000 registrierten außergewöhnlichen Heilungen, die im Gebet und im Zusammenhang mit dem Wasser der Grotte geschehen sind, wurden vom Internationalen Ärztebüro ungefähr 2 500 als wissenschaftlich nicht erklärbar eingestuft. Dazu gehören beispielsweise Knochenbrüche, die augenblicklich verheilt sind, vollständige Heilung von Multipler Sklerose oder bösartigen Tumoren, die sich spontan komplett zurückgebildet haben. Von diesen „extramedikalen"

Heilungen hat die Kirche bisher 67 als Wunder anerkannt. Um Vorwürfen der Manipulation oder möglicher Wundersucht vorzubeugen, wird das ständige Ärztekomitee von Lourdes immer auch mit Nichtkatholiken, Nichtchristen und atheistischen Ärzten besetzt. Es entscheidet ausschließlich nach medizinisch wissenschaftlichen Kriterien.

Es geschehen in Lourdes aber auch Wunder, die äußerlich nicht sichtbar sind, jedoch das Leben eines Menschen radikal verändern. Einer von ihnen ist der französische Arzt und Buchautor Maurice Caillet. Lassen wir ihn selbst berichten: „Ehrlich gesagt: Lourdes, das war wirklich nicht mein Ding. Vielleicht gerade noch ein Kreuzungspunkt von Erdstrahlen. Etwas für den Rutengänger, der ich war. In eine atheistische und antiklerikale Familie hineingeboren, war ich nicht getauft worden. Auch bekam ich keinerlei religiöse Erziehung. Als Chirurg im Bereich Urologie und Gynäkologie war ich ein aufgeklärter Wissenschaftsgläubiger, Mitglied der Organisation für Familienplanung und seit rund 15 Jahren auch bei der Freimaurer-Loge des ‚Grand Orient de France'. Dort hatte ich den 18. Grad erklommen. In den 70er Jahren gehörte ich zu den französischen Pionieren der Familienplanung und setzte mich für die Verbreitung von künstlichen Verhütungsmitteln und die Legalisierung der Tötung ungeborener Kinder ein. Als Mitglied der Sozialistischen Partei und Freund von Staatspräsident Mitterand konnte ich als Stuhlmeister seiner Loge nach dessen Wahl ein explosionsartiges Interesse an Logenmitgliedschaften erleben. Ebenso konnte ich als aufstrebender Meister den Einfluss der Logenbrüder in Politik, Medien, Wirtschaft und öffentlichem Dienst aus nächster Nähe erleben.

Sie können sich also vorstellen, was ich von Lourdes, der Heiligen Jungfrau, dem kleinen Jesulein und allem übrigen hielt. Allerdings war da das Jahr 1983. Das ganze Jahr hindurch war meine Frau Claude schwer krank. Sie litt an zahllosen Darmgeschwüren. Das war sehr schmerzhaft und fesselte sie monatelang ans Bett. Da half einfach nichts. Weder die konsultierten Spezialisten noch die beigezogenen Heiler. Also schlug ich ihr einen Tapetenwechsel vor. Im Februar 1984 verließen wir die Bretagne, um in Mont-Louis in den Pyrenäen Ferien zu machen.

Als wir nach 10 Tagen keinerlei Besserung feststellen konnten, beschlossen wir, heimzukehren. Und da – zu meiner großen Überraschung – hörte ich mich den Vorschlag machen, auf dem Heimweg in Lourdes vorbeizuschauen. Meiner Meinung nach konnte das einen positiven psychologischen – eben durch Erdstrahlen bewirkten – Schock auslösen. Claude war noch erstaunter als ich. Kannte sie doch meine Weltanschauung. Deshalb hielt sie ihren katholischen Glauben geheim. Später gestand sie mir, dass ihr mein Vorschlag sogar Angst gemacht hatte. Sie fürchtete nämlich, ich könnte noch antireligiöser werden, wenn sich in Lourdes ihr Zustand nicht ändern sollte.

An einem sehr kalten Morgen kamen wir in Lourdes an. Eisregen. Ein fast menschenleerer Wallfahrtsort. Es war nicht schwer, die Grotte zu finden und die Bäder. Ich wollte Claude in die Becken begleiten, wurde aber von den Helferinnen abgewiesen. Also vereinbarten wir, uns bei der Grotte zu treffen. Weil ich aber so durchfroren war und keine Ahnung hatte, wie lange das Bad dauern würde, hielt ich nach einem warmen Zufluchtsort Ausschau. Die Krypta war offen. Ich trat ein. Gerade hatte die Wochentagsmesse begonnen. Etwa zehn Gläubige waren anwesend. Die wenigen Male, da ich bei Hochzeiten oder Trauerfeiern gezwungen war, an einer Messe teilzunehmen, hielt ich mich ganz hinten bei den ‚Ungläubigen'. Dabei machte ich mich innerlich über das veraltete Ritual lustig. Ich setzte mich also nun hinten hin und hörte zu. Etwas verunsichert. Irgendwann stand der Priester auf und las das Evangelium: ‚Bittet, so wird euch gegeben; sucht, so werdet ihr finden; klopft an, so wird euch aufgetan.' Es war wie ein Schock für mich. Diese Sätze waren Teil eines Initiationsrituals der Freimaurer. Ich hatte sie bei meiner eigenen Initiation oft gesprochen. Auch dann, wenn ich Bewerber aufnahm! Dann beendete der Priester seine Lesung mit den Worten: ‚Frohbotschaft unseres Herrn Jesus Christus.' Es war also Jesus – den ich bestenfalls als Philosoph oder als eine große religiöse Gestalt ansah –, der dies gesagt hatte? Das brachte mich durcheinander. Der Priester setzte sich. Es folgten Minuten der Stille. Und in dieser Stille hörte ich – ich, der ich mich immer über die angeblichen Stimmen von Jeanne d'Arc lustig gemacht hatte – eindeutig eine sanfte Stimme in meinem Inneren. War es die Gottesmutter? Ich weiß es nicht. Diese Stimme sagte zu mir: ‚Also gut, du wünschst dir die Heilung von Claude. Aber was hast du anzubieten?' Da plötzlich fiel der Freimaurer, der ich war, vom hohen Ross. Etwa so wie Paulus auf dem Weg nach Damaskus! Etwas hinzugeben. Das war mir fremd. Ich hatte nichts anzubieten. Im selben Augenblick war mir klar: Ich konnte nur mich selbst anbieten. Eine weitere Erschütterung. Dann kam der Moment, wo der Priester die Hostie hochhielt. Da konnte ich nicht anders, als zu denken: Jesus ist wirklich gegenwärtig. Kaum war die Messe zu Ende, folgte ich dem Priester in die Sakristei. Wie aus der Pistole geschossen, kam meine Frage: ‚Können Sie mich taufen?' Die Folge war Erstaunen bei dem Gottesmann über diese unpassende Bitte eines 50-jährigen Lackels! Ich hatte schon mal Kindertaufen erlebt. Da dachte ich mir, das ginge einfach so. Getrieben von einem Wahrhaftigkeits-Impuls gestand ich ihm meine Zugehörigkeit zur Freimaurerei und meine okkulten Praktiken. Wäre dem Priester der Teufel aus dem Weihwasserbecken entgegengesprungen, er hätte nicht entsetzter aussehen können. So stammelte er: ‚Also, also, in einem solchen Fall müssen Sie den Erzbischof von Rennes aufsuchen!'

Als ich Claude an der Grotte traf, war sie wie ich vorher durchgefroren und besorgt wegen meiner langen Abwesenheit. Was war mir wohl zugestoßen? Hatte ich mich im Bistro niedergelassen? Als ich sie fragte, wie man ein Kreuzzeichen macht, dachte sie, ich mache mich über sie lustig. Dennoch bestand ich darauf, dass sie mir auch das Vater unser beibringe. Auf dem ganzen Heimweg löcherte ich sie mit Fragen. Und so musste sie schließlich zur Kenntnis nehmen, dass mich die Gnade Gottes berührt hatte.

Ich nahm an einer intensiven Vorbereitung teil. Drei Monate danach wurde ich getauft. Claude war nicht sofort geheilt. Wohl aber am Tag meiner Taufe. Einige Tage danach nahm sie ihre Arbeit wieder auf. Während ich in der Krypta um ihre Heilung gebeten hatte, bat sie im Bad um meine Umkehr. Jesus und die Gottesmutter erwiesen uns ihre Barmherzigkeit, indem sie ihre physische Heilung mit meiner geistigen verbanden."

Wie konnte Maurice die Freimaurerei verlassen? Wie reagierte die Loge, der er angehörte, auf seine Bekehrung? „Als ich es in der Versammlung ankündigte, schaute mich niemand mehr an. Sie waren alle sprachlos. Da habe ich die ‚Toleranz' kennen gelernt, die sich die Freimaurerei so groß auf ihre Fahnen geschrieben hat. Diese Toleranz gilt aber nicht gegenüber den Katholiken. Der Papst ist der Feind Nummer Eins." Und warum? „Weil die katholische Kirche universal ist. Sie hat einen Papst, der die Integrität des Glaubens verteidigt. Eines Glaubens, der sich der Welt widersetzt."

Wie eng ist die Verbindung Freimaurerei-Politik? Nach Maurice Caillet hat es seit dem Zweiten Weltkrieg in Frankreich mindestens 50 Minister gegeben, die dem Großorient angehörten. „Wir leben in einer Gesellschaft, die auf einer freimaurerischen, laizistischen Grundlage beruht. Der eine oder andere Politiker schlägt vor, Weihnachten in ein ‚Fest der Freiheit' oder ein ‚Fest der Kinder' umzuwandeln. Auch hinter solchen Plänen steckt die Freimaurerei. So wie sie zu meinen Zeiten hinter den Plänen zur Legalisierung der Abtreibung steckte. Ich selbst habe Abtreibungen in der Bretagne durchgeführt. Ich war sogar der Erste dort und trug dazu bei, dieses Modell von ‚Fortschritt und Toleranz' zu verbreiten."

Auf die Frage, welchen Dingen die Freimaurerei am meisten Aufmerksamkeit schenkt, antwortet Caillet mit einer klaren Aussage: „Die öffentliche Meinung zu beeinflussen. Vor allem auf politischer Ebene ihre Pläne durchzusetzen. Damals, als das Gesetz bezüglich der Abtreibung diskutiert wurde, übten die Freimaurer enormen Druck auf die Medien und Politiker aus, um die Meinung der Massen zu lenken, sodass das Gesetz ohne Probleme durchging. Heute sind es die Themen Homo-Ehe, Relativismus, moralische Freizügigkeit, Verhütungsmittel, Scheidung, Hedonismus, Genusssucht, die Ablehnung des Leidens. Der Mensch muss frei sein, um sich dem Genuss hinzugeben. Das ist die Welt-Verbesserung, auf die die Freimaurerei abzielt."

Der ehemalige Abtreibungsarzt Maurice Caillet ist heute Ehrenmitglied der „Allianz für das Recht auf Leben" von der Empfängnis bis zum natürlichen Tod.

Maurice hat nun eine ganz neue innere Beziehung zu seinen ehemaligen Logenmitgliedern. „Viele von ihnen sind Männer, die sich verirrt haben. Auf der Suche nach Antworten über das Leben und ihr Schicksal. Sie wissen nichts von Jesus. So wie ich nichts von ihm wusste. Und sie landen wie ich in den Logen. Für sie alle bete ich."

Der ehemalige Abtreibungsarzt ist heute Ehrenmitglied der „Allianz für das Recht auf Leben" von der Empfängnis bis zum natürlichen Tod. Zusammen mit seiner Frau engagiert er sich auch für „Mère de Miséricorde". Die Mitglieder beten und fasten für Frauen, die sich mit dem Gedanken tragen, ihr Kind abtreiben zu lassen und versuchen, diese auf die seelischen und körperlichen Folgen einer solchen Entscheidung aufmerksam zu machen.

Eine atheistische Regierung kapituliert vor drei Hirtenkindern

Seit einem Jahrhundert pilgern Gläubige in Scharen nach Fatima. Man spricht von drei Millionen pro Jahr. Viele nähern sich auf Knien der Basilika. Selbst bei Regen oder wenn die Sonne vom Himmel brennt. Egal, ob alt oder jung, gesund oder von Krankheit gezeichnet. Sie tun Buße und bitten um Vergebung. Denn anders als in Lourdes steht in Fatima die Sühne noch vor der Krankenheilung. Obwohl auch dort Tausende von unerklärlichen Heilungen geschehen.

*Jeden Abend findet in Fatima auf dem wohl größten
Kirchvorplatz der Welt eine riesige Lichterprozession statt.*

Der Ort Fatima liegt etwa 130 Kilometer nördlich
der portugiesischen Hauptstadt Lissabon. Die zuvor
von Mauren beherrschte Region Santarem wurde
1147 von christlichen Portugiesen zurückerobert.
Der arabische Name Fatima soll der Legende nach
auf Fatima, der schönen Tochter eines maurischen
Fürsten, zurückgehen. Das Mädchen war nach
der Tochter des Propheten Mohammed benannt.
Im Jahr 1158 wurde sie von christlichen Eroberern
entführt und an den Grafen von Ourem verkauft.
Doch dieser verlor sein Herz an die junge Frau. Sie
heirateten. Aus Liebe zu ihm ließ sie sich taufen.

Die gräflichen Nachkommen benannten den Ort nach ihr, wo sie auch ihre letzte Ruhestätte fand.

Es ist der 13. Mai 1917.

Um die Mittagszeit hüten drei Kinder auf einer Anhöhe in der sonnenverbrannten Ebene bei Aljustrel, in der Nähe von Fatima, die Schafe der Familie Santos: die zehnjährige Lucia Santos, ihre siebenjährige Cousine Jacintha Martos und ihr neunjähriger Vetter Francisco. Um der sengenden Hitze zu entkommen, bauen sie sich eine kleine Hütte aus Ästen und Blättern. Um die Mittagsstunde, als sie beim Angelus-Läuten den Rosenkranz beten, vernehmen plötzlich alle drei einen Blitz. Schnell sammeln sie die Herde ein. Sie machen sich auf den Heimweg, ohne zu prüfen, woher der Blitz am heiteren Himmel hätte kommen können. So erreichen sie die Mitte des Abhangs. In der Senke Cova da Iria stehen viele uralte Steineichen. Da, über einer von ihnen, erneut ein Blitz. Die Kinder schauen nach oben und erblicken eine Frau. Sie ist ganz in Weiß gekleidet. Strahlender als die Sonne. Mit gefalteten Händen. Von Lichtbündeln umflossen. Francisco hebt einen Stein auf und will ihn nach der Gestalt werfen. Aber die Mädchen halten ihn zurück. Die Frau lächelt: „Fürchtet euch nicht! Ich tue euch nichts Böses!" Lucia fasst Mut und fragt: „Woher kommen Sie?" – „Ich bin vom Himmel." – „Und was wollen Sie von mir?" – „Ich bitte euch, in den folgenden fünf Monaten, jeweils am dreizehnten, zur selben Stunde, hierher zu kommen. Dann werde ich sagen, wer ich bin und was ich will." Dann fragt sie die Kinder: „Wollt ihr euch Gott schenken, um alle Leiden zu ertragen, die er euch schicken wird? Zur Sühne für die Sünden, durch die man ihn beleidigt und als Bitte um die Bekehrung der Sünder?" – „Ja, wir wollen es!", reagiert Lucia freudig. Die Dame nimmt ihr freies Angebot an: „Ihr werdet also viel leiden müssen. Aber die Gnade Gottes wird eure Stärke sein!" – „Als sie diese letzten Worte sagte", schreibt Lucia später, „öffnete sie zum ersten Mal die Hände. Damit übermittelte sie uns ein so starkes Licht, das von ihren Händen ausging. Es drang uns in die Brust und bis in die Tiefe der Seele. Durch eine innere Anregung fielen wir auf die Knie und wiederholten ganz innerlich: ‚O Heiligste Dreifaltigkeit, ich bete Dich an. Mein Gott, mein Gott, ich liebe Dich im heiligsten Sakrament!' Nach einigen Augenblicken fügte Unsere Liebe Frau hinzu: ‚Betet täglich den Rosenkranz, um den Frieden der Welt und das Ende des Krieges!'" Die Kinder sehen nun, wie sich die Frau erhebt und sich langsam gegen Sonnenaufgang entfernt. Bis sie ihren Blicken entschwindet.

Die Seherkinder von links: die zehnjährige Lucia Santos, ihr neunjähriger Vetter Francisco, ihre siebenjährige Cousine Jacintha Martos.

13. Juni 1917.

Die Kinder sind voller Erwartung. Hatte doch die Frau ihnen aufgetragen, am 13. jeden Monats in die Senke zu kommen. Zu ihnen gesellen sich einige Menschen aus dem Dorf. Sie beginnen den Rosenkranz zu beten. Da sehen sie den „Blitz", bis die Frau über der Steineiche erscheint. Lucia fragt: „Was wünschen Sie von mir?" Später berichtet sie ihren Eltern, die Frau habe ihr aufgetragen, lesen und schreiben zu lernen. Ein ungewöhnlicher Auftrag für ein einfaches Dorfkind. War doch Lesen und Schreiben zu dieser Zeit eher ein Privileg der Wohlhabenden. Dann bitte die Frau erneut um den täglichen Rosenkranz. Darauf spricht Lucia einen Wunsch aus: „Ich möchte Sie bitten, uns in den Himmel mitzunehmen." – „Ja", antwortet die Frau. „Jacinta und Francisco werde ich bald holen. Du bleibst noch einige Zeit hier. Jesus möchte sich deiner bedienen. Damit die Menschen mich erkennen und lieben. Er möchte auf Erden die Verehrung meines Unbefleckten Herzens begründen. Wer sie annimmt, dem verspreche ich das Heil. Weil diese Seelen von Gott geliebt werden." Nach diesen Worten öffnet die Frau erneut die Hände und taucht die Seherkinder in ein unermessliches Lichtmeer. Lucia schreibt darüber: „Darin sahen wir uns wie in Gott versenkt. Jacinta und Francisco schienen in dem Teil des Lichtes zu stehen, der sich zum Himmel erhob, und ich in dem Teil, der sich über die Erde ergoss."

13. Juli 1917.

Die Dorfbewohner begleiten mit dem Rosenkranz in der Hand die Seherkinder zur Cova da Iria. An der Steineiche angekommen, sieht Lucia wieder den ersehnten „Blitz". Auf die erneute Frage, was die Frau von ihr wünsche, erhält Lucia die Antwort: „Betet weiterhin jeden Tag den Rosenkranz zu Ehren Unserer Lieben Frau vom Rosenkranz. Damit werdet ihr den Frieden für die Welt und das Ende des Krieges erlangen." Lucia bittet um ein Zeichen. Doch die Frau verweist sie auf den Oktober. Da werde sie ein Wunder vollbringen, damit alle zum Glauben kommen. Inzwischen sollten sie weiterhin den Rosenkranz beten. Dann fährt sie fort: „Opfert euch auf für die Sünder und sagt oft: ‚O Jesus, aus Liebe zu Dir, für die Bekehrung der Sünder und zur Sühne für die Sünden gegen das Unbefleckte

Herz von Maria!' Um sie zu retten, will Gott die Andacht zu meinem Unbefleckten Herzen in der Welt begründen. Wenn man tut, was ich euch sage, werden viele gerettet werden. Wenn man aber nicht aufhört, Gott zu beleidigen, wird unter dem Pontifikat Pius' XII. ein anderer, schlimmerer Krieg beginnen. Wenn ihr eine Nacht durch ein unbekanntes Licht erhellt sehen werdet, dann wisst, dies ist das große Zeichen Gottes, dass er nun die Welt für ihre Missetaten durch Krieg, Hungersnot, Verfolgung der Kirche und des Heiligen Vaters strafen wird." (Am 25. Januar 1938 zwischen 21 und 23 Uhr wurde in ganz Westeuropa bis nach Algerien ein Nordlicht beobachtet. Das intensive rote Licht leuchtete so stark, dass viele Feuerwehrleute ausrückten, um einen vermeintlichen Großbrand zu löschen. Lucia schrieb damals aus ihrem Kloster an den Bischof von Leiria, dies sei das vor dem neuen Weltkrieg vorausgesagte Zeichen gewesen. Der Krieg werde in naher Zukunft ausbrechen.)

„Um das zu verhüten", fährt die Dame fort, „werde ich kommen, um die Weihe Russlands an mein Unbeflecktes Herz und die Sühnekommunion an den ersten Samstagen zu erbitten. Wenn man auf meine Wünsche hört, wird Russland sich bekehren.

Es wird Friede sein. Wenn nicht, wird es seine Irrlehren über die Welt verbreiten. Es wird Kriege und Verfolgungen der Kirche heraufbeschwören. Die Guten werden gemartert werden und der Heilige Vater wird viel zu leiden haben. Verschiedene Nationen werden vernichtet werden; am Ende aber wird mein Unbeflecktes Herz triumphieren. Der Heilige Vater wird mir Russland weihen, das sich bekehren wird. Der Welt wird eine Zeit des Friedens geschenkt werden. Wenn ihr den Rosenkranz betet, dann sagt nach jedem Geheimnis: ‚O mein Jesus, verzeihe uns unsere Sünden; bewahre uns vor dem Feuer der Hölle, führe alle Seelen in den Himmel, besonders jene, die Deiner Barmherzigkeit am meisten bedürfen.'" Erneut erhob sich die Erscheinung und verschwand in östlicher Richtung in der Ferne des Firmaments.

19. August 1917.

Am Morgen des 13. August liegt große Spannung über den Elternhäusern von Lucia, Francisco und Jacinta. Schon am Abend vorher strömt das Volk aus allen Gegenden Portugals zur Cova da Iria. Gleichzeitig meldet sich die atheistische Staatsmacht lautstark zu Wort mit der Behauptung, das ganze Geschehen um Fatima sei nichts anderes als eine Machenschaft der Kirche und des Klerus gegen die Pläne des Staates. Denn kurz zuvor hat die Regierung erklärt, dass nach zwei Generationen der Glaube an Gott in Portugal total ausgerottet sein werde.

Am 5. Oktober 1910 war nämlich die Monarchie durch eine Militärrevolte gestürzt worden. Während des Umsturzes wütete der Antiklerikalismus. Es kam zur Ermordung von Priestern, Zerstörung von Klöstern. Es folgte eine massive antikirchliche Gesetzgebung mit der Aufhebung aller Konvente, Klöster, Anstalten, Hospize und sonstiger religiöser Häuser. Es kam zum Verbot des Religionsunterrichtes in den Volksschulen, die Aufhebung der Theologischen Fakultät an der Universität in Coimbra, die Abschaffung der katholischen Feiertage. Aus Weihnachten wurde der „Tag der Familie". Erst auf diesem Hintergrund dieses massiven Kampfes gegen den katholischen Glauben wird die Bedeutung von Fatima 1917 noch plausibler.

Und jetzt steht die geballte Staatsmacht ratlos vor drei Kindern. Unter dem Vorwand, diese vor dem Ortspfarrer zur Rechenschaft zu ziehen, werden sie aus der Hand ihrer Eltern entführt und kurzerhand zwischen dem 13. und 15. August ins Gefängnis der Kreisstadt Ourem geworfen. Im Kerker selbst spielen sich ergreifende Szenen ab. Lucia schreibt: „Es war die Abwesenheit der Eltern, die Jacinta am schwersten fiel. Mit tränenüberströmtem Gesicht klagte sie: ‚Weder deine noch meine Eltern kamen, um uns zu besuchen. Sie haben nichts mehr für uns übrig.' – ‚Weine nicht', sagte Francisco zu ihr. ‚Opfern wir es Jesus für die Sünder auf.' Augen und Hände zum Himmel gehoben, sprach er das Gebet: ‚O mein Jesus, es ist aus Liebe zu Dir und für die Bekehrung der Sünder.' Jacinta fügte hinzu: ‚Und auch für den Heiligen Vater und zur Wiedergutmachung der Sünden, die gegen das Unbefleckte Herz Mariens begangen werden.'"

Die beiden Kinder werden im Gefängnis von Lucia getrennt verhört. Als man sie wieder zusammenbringt, droht man ihnen, falls sie nicht zugäben, die Erscheinungen seien bloße Sinnestäuschung oder eine erfundene Lüge, sie bei lebendigem Leib zu braten. Die Kinder nehmen das Wort der Erwachsenen ernst und bereiteten sich darauf vor, bald verbrannt zu werden. Jacinta hat, trotz des Willens, für das Gesehene zu sterben, Tränen in den Augen. Lucia fragt die Kleine, warum sie weine: „Weil wir sterben werden, ohne unsere Väter und Mütter wieder gesehen zu haben. Ich möchte wenigstens meine Mutter sehen!" Auf die Frage Lucias, ob sie denn nicht wirklich alles für die Bekehrung der Sünder aufopfern möchte, ruft sie: „Ich will, ich will!"

Das Verhalten der drei Kinder macht einen gewaltigen Eindruck auf die anderen Gefangenen. Als die Seher den Rosenkranz zu beten beginnen, betet der eine oder andere Insasse voller Rührung und Staunen mit. Schließlich werden die drei freigelassen. Die kirchenfeindliche Staatsmacht hat vor drei kleinen Kindern, die sich nicht scheuen, ihr Leben für ihre Überzeugung zu opfern, kapituliert.

So verstreicht der 13. August. Die Kinder sind traurig, da sie nicht in die Cova da Iria gehen konnten. Geduldig warten sie nun auf den 13. September.

Doch schon am 19. August geschieht etwas Unerwartetes: Die drei suchen mit ihren Schafen einen neuen Weideplatz. An der Stelle, die man Valinhos nennt, bemerkt Lucia als erste den „Blitz", mit dem Maria ihr Kommen ankündigt. Es ist wohl ein Dankeschön des Himmels für die Tapferkeit der drei im Gefängnis. Nach der erneuten Bitte, täglich den Rosenkranz für die Bekehrung der Sünder zu beten, fügt die Gottesmutter die Ankündigung hinzu, sie werde bei ihrer letzten Erscheinung ein Wunder wirken, damit alle glauben. Bevor sie wieder entschwindet, spricht sie die eindringlichen Worte: „Betet, betet viel und bringt Opfer für die Sünder; denn viele Seelen kommen in die Hölle, weil sich niemand für sie opfert und für sie betet." In apokalyptischen Bildern sehen die Kinder eine Vision der Hölle. Dann erhebt sich Maria und entschwindet wie gewöhnlich in Richtung Osten.

13. September 1917.

Die Kunde von den Erscheinungen verbreitet sich in Windeseile. Zahlreiche Leute, sowohl aus dem Adel als auch Bauern, drängen sich durch die engen Gassen von Aljustrel. Alle wollen mit den Kindern sprechen, sie sehen, fragen, Heilung erbitten. Die atheistischen Gegner warten auf eine passende Gelegenheit. Endlich wollen sie den „Schwindel" aufdecken und warnen die Leute vor einem Besuch in der Cova da Iria. Alles nützt nichts. Am 13. September sind dort 25 000 Menschen aus allen Teilen Portugals anwesend.

Als die Seherkinder an der Steineiche ankommen, betet das Volk schon den Rosenkranz. Die Gottesmutter lässt nicht auf sich warten. Nach der üblichen Ankündigung durch einen hellen Lichtschein sehen die Kinder sie über der Steineiche. Sie knien nieder und vernehmen die Worte: „Betet weiterhin den Rosenkranz, um das Ende des Krieges zu erlangen."

Lucia bittet die Madonna erneut, einigen Kranken und einem Taubstummen Heilung zu schenken. Ihre Bitte wird sofort gewährt, bevor sich die Erscheinung in Richtung Osten entfernt.

13. Oktober 1917.

Die Zeit vom 13. September bis zum 13. Oktober ist für die Seherkinder sehr schmerzlich. Sie leiden viel unter den täglichen Beleidigungen der Dorfbevölkerung. Die Leute sind zwar neugierig, legen aber gleichzeitig ein sehr ablehnendes und spöttisches Verhalten an den Tag. Der Pfarrer versucht den Kindern und ihren Eltern einzureden, dass sie alles leugnen sollen. Die Gottesmutter würde doch nicht so mir nichts dir nichts irgendjemandem erscheinen. Und erst recht nicht in Fatima. Vor allem auch wegen der feindseligen Einstellung der staatlichen Behörden, die das Leben der Kirche auch ohne „wunderbare Erscheinungen" schon zur Genüge einschränken und erschweren würden. Die Kinder sollen im Gehorsam und zum Wohl der Kirche solche seltsamen Dinge nicht mehr behaupten. Der staatliche Administrator stellt sogar in Aussicht, er werde im Oktober eine Bombe neben den Kindern zünden lassen.

Am 13. Oktober regnet es schon frühmorgens in Strömen. Die Eltern Lucias fürchten, bei der Aufdeckung des „Schwindels" könnte dies der letzte Tag ihres Lebens sein. Deshalb muntern sie ihre Tochter auf, noch vorher zur Beichte zu gehen. Auf jeden Fall wollen sie selbst, um ihr Kind zu beschützen, bei der angeblichen Erscheinung in Lucias unmittelbarer Nähe sein. Gestützt von ihren Eltern arbeiten sich die Kinder durch den großen Schlamm bis zur Steineiche durch. Überall versuchen die Menschen, ihnen Bitten mitzugeben: „Betet für meinen blinden Sohn! Für einen Gelähmten ..." Der Regen prasselt unbarmherzig in Strömen auf die Menschenmassen. Um die Mittagszeit knien die Kinder nieder. Sie haben „ihren Blitz" gesehen. Nun beten sie mit 70 000 Menschen vom Regen völlig durchnässt und in tiefem Morast stehend den Rosenkranz. „Was wünschen Sie von mir?", spricht Lucia die Gottesmutter an. „Ich möchte, dass hier eine Kapelle zu meiner Ehre gebaut werden soll. Ich bin ‚Unsere Liebe Frau vom Rosenkranz'. Man soll weiterhin täglich den Rosenkranz beten. Dann geht der Krieg zu Ende. Die Soldaten werden in Kürze nach Hause zurückkehren. Die Menschen sollen sich bessern und um Verzeihung ihrer Sünden bitten." Traurigkeit überschattet ihre Züge, als Maria mit flehender Stimme weiter spricht: „Man soll den Herrn, unseren Gott, nicht mehr beleidigen, der schon so sehr beleidigt worden ist." Kurz vor ihrem Weggang öffnet sie erneut ihre Hände. Ein Strahl, stärker als die Sonne, durchflutet den Ort. Die Kinder sehen sie in gewohnter Weise am östlichen Horizont verschwinden. Die anwesenden Menschen erleben in diesem Augenblick das große Sonnenwunder. Darunter sind Gläubige. Aber auch spottende, junge Leute. Skeptische Medienvertreter. Abgeklärte Naturwissenschaftler und Neugierige, die auf eine Sensation hoffen. Und die Sensation kommt. Das bestätigen voneinander unabhängige Berichte und im Nachhinein befragte Zeugen. Übereinstimmend berichten alle, die vor Ort waren, aber auch andere, die einige Kilometer entfernt lebten, von einem Sonnenphänomen, das wissenschaftlich bis heute nicht erklärt werden kann. Viele werden schlagartig gesund. Lahme erheben sich und preisen Gott. Blinde rufen ihre Freude über das zurückgewonnene Augenlicht aus. Andere, die sich über die Erscheinungen lustig gemacht und sie bekämpft haben, schlagen sich zum Zeichen ihrer Umkehr an die Brust. Avelino de Almeida, ein Reporter der Zeitung „O Século" beschreibt den Ablauf der Ereignisse so: „Das ganze Volk in der Cova sieht plötzlich ein Lichtbündel wie einen Sonnenball. Der Stern erinnert an eine Platte aus mattem Silber. Es ist möglich, ohne auch nur im Geringsten geblendet zu werden, in diese ‚Scheibe' zu schauen. Sie brennt und blendet doch nicht. Man möchte sagen, dass sich eine Sonnenfinsternis ereignet. Aber siehe! Es löst sich ein kolossaler Schrei von den Zuschauern: ‚Ein Wunder, ein Wunder! Ein Schauspiel, ein Schauspiel!' Bleich vor Schrecken, mit entblößtem Haupt, starren alle in den blauen Himmel. Der Feuerball hat die Wolken durchbrochen und es ist eine vibrierende Sonne zu sehen. Die Sonne macht schroffe Bewegungen. Ganz gegen alle kosmischen Gesetze. Die Sonne tanzt."

Von Lucias Vater sind folgende Worte überliefert: „Alle hatten die Augen zum Himmel erhoben, als die Sonne stillstand und danach zu tanzen begann. Sie blieb stehen, um nochmals zu tanzen. Bis sie sich ganz vom Himmel zu lösen und auf uns hernieder zu fallen schien wie ein riesiges Feuerrad. Es war ein schrecklicher Augenblick. Viele schrien: ‚O weh, wir sterben alle! Unsere Liebe Frau, hilf uns!' Es gab Leute, die laut ihre Sünden bekannten. Schließlich blieb die Sonne wieder auf ihrem gewohnten Platz stehen."

Alle hatten die Augen zum Himmel erhoben, als die Sonne stillstand und danach zu tanzen begann.

Erst als das Ereignis vorüber ist, bemerken die Menschen, dass ihre völlig durchnässten Kleider mit einem mal trocken sind. Die Seher selbst bemerken kaum etwas von dem, was um sie herum geschieht. Noch schauen sie der im Horizont verschwindenden Lichtflut nach, als ihnen plötzlich weitere Visionen geschenkt werden. Lucia beschreibt dies als ein unvergessliches, eindrückliches Erlebnis: „Um das alles richtig zu beschreiben, finde ich keine passenden menschlichen Worte dazu. Nachdem Unsere Liebe Frau in der unendlichen Ferne des Firmaments verschwunden war, sahen wir neben der Sonne den heiligen Josef mit dem Jesuskind und Unsere Liebe Frau in Weiß gekleidet mit einem blauen Mantel. Der heilige Josef mit dem Jesuskind schien die Welt mit einer Handbewegung in Kreuzesform zu segnen. Kurz darauf verschwand die Erscheinung."

Francisco wird im Oktober 1918 ernsthaft krank. Den Familienmitgliedern, die ihm eine gute Besserung wünschen, antwortet er: „Das ist nicht nötig. Unsere Liebe Mutter will mich bei sich im Himmel haben."

Während am Freitag, den 4. April 1919 um 10.00 Uhr die Sonne mit ihren starken Strahlen durch die Zimmertür scheint, stirbt Francisco.

Für Jacinta beginnt der „Kreuzweg" mit einer tödlichen Tuberkulose. Im Februar 1920 bringt man sie ins Krankenhaus Santa Estefania in Lissabon. Bei dem Gedanken, weit weg von ihren geliebten Eltern und von Lucia sterben zu müssen, tröstet sie sich, für die Sünder leiden zu können. „Unsere Liebe Mutter" besucht sie dreimal in der Klinik. Hier spricht Jacinta Worte aus, die weit über das kindliche Auffassungsvermögen hinaus gehen: über Priester, Regierungen, Ärzte, über die Verfolgung der Kirche, über Gehorsam der Klosterbewohner, Ehe, Reichtum, Armut ... Gedanken, die ihr sicher von Gott eingegeben sind. In der Nacht zum 20. Februar erfüllt sich schließlich das Versprechen, das die Frau, die strahlender als die Sonne ist, ihr gegeben hat: „Ich werde kommen und dich mit ins Paradies nehmen." Als man 15 Jahre später den Sarg öffnet, ist ihr Leichnam unverwest. Die beiden Seherkinder werden von Papst Johannes Paul II. in Fatima im Jahr 2000 selig gesprochen.

Nachdem Jacinta und Francisco diese Welt verlassen haben, tritt Lucia am 17. Mai 1921 in das Kollegium „Asilo do Villar" ein, das von den Schwestern der heiligen Dorothea geleitet wird. Von ihren Oberinnen und ihrem Beichtvater hat sie die Erlaubnis erhalten, jeweils in der Nacht von Donnerstag auf Freitag von elf Uhr bis Mitternacht eine „heilige Stunde" zu halten. Sie schreibt darüber: „Am 13. Juni 1929 kniete ich nachts in der Mitte der Kapelle. Plötzlich erhellte sich der ganze Raum durch ein übernatürliches Licht. Ich sah Unsere Liebe Frau von Fatima. Sie sagte zu mir: ‚Es ist der Augenblick gekommen, in dem Gott den Heiligen Vater auffordert, in Vereinigung mit allen Bischöfen der Welt die Weihe Russlands an mein Unbeflecktes Herz zu vollziehen. Er verspricht, es auf diese Weise zu retten.'"

Später, am 25. März 1948, wechselt Lucia mit Erlaubnis Pius' XII. in den neuerrichteten Karmel von Coimbra. Dort führt sie ein verborgenes Leben des Gebets. Gleichzeitig ist sie als Ökonomin zuständig für die ganze Wirtschaft, für die Kartoffelvorräte genauso wie für die Wasserleitungen und ähnliches. Von den Marienerscheinungen redet sie nur, wenn man sie dazu drängt. Am 13. Februar 2005 stirbt Lucia dos Santos im Alter von 97 Jahren. Ministerpräsident Pedro Santana Lopes ordnet eine landesweite Staatstrauer an.

Im Karmel von Coimbra führte Schwester Lucia ein verborgenes Leben des Gebets. Gleichzeitig war sie als Ökonomin zuständig für die ganze Wirtschaft des Klosters.

Im April 1919 beginnt der Bau einer Kapelle im Cova da Iria, was soviel wie Tal des Friedens bedeutet. Die erste Messe wird dort 1921 abgehalten. Noch heute befindet sich vor dem Kirchlein die Statue der Muttergottes. Zu ihren Füßen beten die Pilger. Am 13. Oktober 1930 kommt es zur kirchlichen Anerkennung und offiziellen Verehrung „Unserer Lieben Frau von Fatima". Erst am 7. Oktober 1953 wird die große Basilika eingeweiht.

In der Basilika von Fatima befinden sich heute die Gräber der Seherkinder Jacinta und Francisco sowie von Schwester Lucia.

Hier befinden sich heute die Gräber der beiden früh verstorbenen Seherkinder Jacinta und Francisco sowie von Schwester Lucia. Seit dem 12. Oktober 2007 steht gegenüber der Basilika die imposante Dreifaltigkeitskirche. Das vom griechischen Architekten Alexandros Tombazis entworfene Gotteshaus zählt zu den größten Kirchen weltweit. Der Rundbau bietet rund 9 000 Menschen Platz.

Die imposante Dreifaltigkeitskirche zählt zu den größten Kirchen weltweit. Der Rundbau bietet rund 9000 Menschen Platz.

Kehren wir zurück und verfolgen wir den Lauf der Geschichte mit Fatima: Am 13. Mai 1931 weihen die portugiesischen Bischöfe ihr Land dem „Unbefleckten Herzen Mariens". Am 13. Mai 1936, zur Zeit des Ausbruchs des spanischen Bürgerkriegs, legt der Episkopat Portugals in Fatima das Gelübde ab, der Oberhirte des Landes würde geschlossen wieder hierher pilgern, falls Portugal vor dem Kommunismus, der damals ganz Europa bedrohte, verschont bliebe. Portugal blieb verschont. Am 13. Mai 1938 wird das Gelübde durch eine Wallfahrt nach Fatima erfüllt. Im Jahr 1940 geloben die in Fatima versammelten Bischöfe Portugals, bei Lissabon eine große Christkönigsstatue errichten zu lassen, falls Portugal vor dem Zweiten Weltkrieg verschont bliebe. Wiederum blieb Portugal verschont.

Im Jahr 1940 gelobten die in Fatima versammelten Bischöfe Portugals, bei Lissabon eine große Christkönigsstatue errichten zu lassen, falls Portugal vor dem Zweiten Weltkrieg verschont bliebe. Tatsächlich blieb Portugal verschont.

Aus der „Weltchronik" ist der Brief von Hitler an Mussolini vom 31.12.1940 bekannt: „Wir haben alle Vorbereitungen getroffen, um am 10. Januar, also zehn Tage nach diesem Schreiben – die spanische Grenze zu überschreiten und Mitte Februar Gibraltar zu erreichen."

Am 2. Dezember 1940, einen Monat, bevor Hitler in Spanien und Portugal einfallen will, schreibt Lucia an Papst Pius XII.: „Heiliger Vater, wenn es wahr ist, dass ich in der Vereinigung meiner Seele mit Gott nicht getäuscht bin, verspricht unser Herr, im Hinblick auf die Weihe Portugals an das Unbefleckte Herz Mariens einen besonderen Schutz unseres Vaterlandes während dieses Krieges. Dieser Schutz wird der Beweis der Gnaden sein, die Gott den anderen Nationen gewähren würde, falls sie dem Beispiel Portugals folgen würden." Wie groß die Gefahr für Portugal war, zeigt sich darin, dass eine deutsche Panzerdivision von Spanien aus direkt nach Lissabon und Porto vorstoßen sollte, um Portugal zu besetzen und eine englische Landung zu verhindern. Die portugiesische Regierung hatte alles vorbereitet, ihren Sitz auf die Azoren zu verlegen. Zum Dank, dass Portugal vom Zweiten Weltkrieg verschont blieb, spendeten am 13. Oktober

1942 die portugiesischen Frauen der „Jungfrau von Fatima" eine kostbare Krone. Mit 313 Perlen und 2650 Edelsteinen wird die Gnadenstatue am 13.05.1946 gekrönt.

Zum Dank für die Bewahrung Portugals während des Zweiten Weltkrieges spendeten am 13. Oktober 1942 die portugiesischen Frauen der „Jungfrau von Fatima" eine kostbare Krone mit 313 Perlen und 2650 Edelsteinen.

Den Wunsch der Gottesmutter, die Welt ihrem Unbefleckten Herzen zu weihen, hat Papst Pius XII. 1942 erfüllt. Am 31. Oktober weiht er in einer Radioansprache die ganze Menschheit dem „Unbefleckten Herzen Mariens". Am 8. Dezember 1942 wiederholt Pius XII. diese Weihe im Petersdom.

Adolf Hitler erringt bis Oktober 1942 Sieg um Sieg. Fast ganz Europa ist unter seiner Herrschaft. Am Tag der Marienweihe gelingt den Engländern bei El Alamein in Ägypten ein entscheidender Sieg gegen Feldmarschall Rommel. Das ist der Beginn des Niedergangs des Großdeutschen Reiches. Von nun an erringt Hitler keinen Sieg mehr. Am 4. Mai 1944 setzt der Papst das Fest des „Unbefleckten Herzen Mariens" für die Gesamtkirche jeweils am 22. August fest. Herz bedeutet in der Sprache der Bibel die Mitte der menschlichen Existenz. Das „Unbefleckte Herz" ist gemäß der Bergpredigt bei Mt 5,8 ein reines Herz, das „Gott sieht". Das unbefleckte Herz Mariens entspringt ihrer Herzenshaltung in ihrem „Fiat". Dieses „Ja" wird zur formenden Mitte ihrer ganzen Existenz. „Aber warum sollte ein Mensch zwischen uns und Christus stehen?", könnte die Frage auftauchen. Darauf gibt der Apostel Paulus eine überzeugende Antwort, indem er sich nicht scheut, zu seinen Gemeinden zu sagen: „Ahmt mich nach!" (1 Kor 4,16; Phil 3,17; 1 Thess 1,6; 2 Thess 3,7.9) Wenn man also an Paulus konkret ablesen kann, was Nachfolge Christi bedeutet, dann umso mehr bei Maria, der Mutter des Herrn. Dann darf man auch die Worte, die Maria an Lucia gerichtet hat, auf alle beziehen, die sich ihr anvertrauen: „Ich werde dich nie verlassen. Mein Unbeflecktes Herz wird deine Zuflucht sein und der Weg, der dich zu Gott führt."

Am 16. Januar 1959 erklären die portugiesischen Bischöfe in einem Hirtenschreiben: „Der Weiheakt an Maria ist ein weitreichender über jede menschliche Gewalt wirksamer Akt." Diesen Akt des Glaubens, der Hoffnung und der Liebe beziehen die Oberhirten nicht nur für Portugal, sondern auch für das Wohl der ganzen Welt, speziell zur Zeit der Kuba-Krise. Am 17. Mai 1960 lädt der Bischof von Leiria-Fatima seine Mitbrüder und ihre Diözesen zu einem Welttag des Gebetes und der Buße im Sinne Fatimas am 13. Oktober 1960 ein. Auch Papst Johannes XXIII. unterstützt dieses Bemühen. Kardinal Lercaro leitet die Feier. 21 Bischöfe assistieren. In der „Weltchronik" ist zu lesen: „In dieser Nacht der Buße und des Gebets im Sinne Fatimas vom 12. und 13. Oktober 1960 bestieg Chruschtschow in New York überstürzt ein Flugzeug nach Moskau und ließ bei diesem Rückflug die geplanten Zwischenlandungen ausfallen. Vorher hatte er in der UNO mit der ‚absoluten Waffe' gedroht, die im Besitz Russlands sei und fähig wäre, die Vereinigten Staaten von Amerika auszulöschen. Um seinen Worten mehr Nachdruck zu verleihen, hatte er einen Schuh ausgezogen und mit ihm heftig auf sein Pult geschlagen." Den Grund für den unerwartet raschen Rückflug des damaligen ersten Mannes der Sowjetunion offenbarte später der russische Oberst Olg Pankoski, der am 16. Mai 1963 wegen Spionage hingerichtet wurde: „Im Januar 1960 hatte Chruschtschow die wissenschaftlichen Dienstabteilungen des Heeres gedrängt, zum 43. Jahrestag der Oktoberrevolution eine gigantische Rakete mit Atomantrieb fertigzustellen. Tatsächlich schien alles in dem Augenblick bereit zu sein, als der russische Diktator seine Drohungen in der UNO aussprach. Marschall Nedeline, der oberste Befehlshaber der russischen Raketentruppen hatte Tag und Stunde des ersten Versuchsabschusses der famosen Rakete festgesetzt. Er hatte dazu zahlreiche Atomsachkundige und offizielle Persönlichkeiten eingeladen. Als der Countdown auf Null herabgezählt war, zündete die Rakete nicht – das Gebet in Fatima hatte wohl sicher gezündet. Die Rakete blieb unbeweglich auf dem Abschussgelände. Nachdem Nedeline 15 bis 20 Minuten gewartet hatte, kam er aus dem Schutzbunker hervor und die Eingeladenen folgten ihm. Als schon alle draußen waren, explodierte die Rakete und tötete rund 300 Spitzenwissenschaftler. Das war der Grund des überraschend schnellen Heimflugs Chruschtschows nach Moskau in der Nacht vom 12. auf den 13. Oktober 1960."

Unter all diesen Gesichtspunkten ist ein Wort von Papst Pius XII. besser zu verstehen, als er die positiven Auswirkungen seiner zwar verspäteten Weihe an das Unbefleckte Herz Mariens erkennen darf: „Die Botschaft von Fatima ist eine der größten Eingriffe Gottes durch Maria in die Weltgeschichte nach dem Tod der Apostel."

Um das so genannte dritte Geheimnis, das den Seherkindern am 13. Juli 1917 in der Cova da Iria offenbart wurde, hat es viel Geheimniskrämerei gegeben. Lucia schrieb dieses Geheimnis 1944 nach heftigem Widerstreben nieder. Die Niederschrift wurde vom Bischof von Leira aufbewahrt. Seit 1957 befindet sie sich im Archiv der Glaubenskongregation in Rom. Am 13. Mai 2000 hielt Papst Johannes Paul II. die Zeit für gekommen, den Menschen diese Prophetie bekannt zu geben. Es wird darin keine Katastrophe vorhergesagt, sondern ein Aufruf zur Umkehr und Buße. Diese Botschaft zieht sich wie ein roter Faden durch alle Erscheinungen in Fatima 1917 mit der Aussage von Maria: „Am Ende wird mein Unbeflecktes Herz triumphieren!"

Lucia schreibt über dieses Geheimnis: „Links von Unserer Lieben Frau sahen wir einen Engel. Er hielt ein Feuerschwert in der linken Hand. Flammen gingen von ihm aus, als sollten sie die Welt anzünden. Doch die Flammen verlöschten, als sie mit dem Glanz in Berührung kamen, den Unsere Liebe Frau von ihrer rechten Hand auf den Engel ausströmte. Dieser zeigte mit der rechten Hand auf die Erde und rief mit lauter Stimme: ‚Buße, Buße, Buße!' Wir sahen in einem ungeheuren Licht, das Gott ist, einen in Weiß gekleideten Bischof. Wir ahnten, dass es der Heilige Vater war. Verschiedene andere Bischöfe, Priester, Ordensmänner und Ordensfrauen stiegen auf einen steilen Berg hinauf. Auf seinem Gipfel befand sich ein großes Kreuz aus rohen Stämmen wie aus Korkeiche mit Rinde.

Bevor er dort ankam, ging der Heilige Vater durch eine große Stadt. Diese war halb zerstört. Halb zitternd mit wankendem Schritt, von Schmerz und Sorge gedrückt, betete er für die Seelen der Toten, denen er auf seinem Weg begegnete. Am Berg angekommen, kniete er zu Füßen des großen Kreuzes nieder. Da wurde er von einer Gruppe von Soldaten getötet, die mit Feuerwaffen und Pfeilen auf ihn schossen. Genauso starben nach und nach die Bischöfe, Priester, Ordensleute und verschiedene weltliche Personen: Männer und Frauen unterschiedlicher Klassen und Positionen."

In dem „dritten Geheimnis" von Fatima werden keine großen Geheimnisse enthüllt. Der Vorhang vor der Zukunft wird nicht aufgerissen. Wir sehen im Zeitraffer die Kirche der Märtyrer des nun abgelaufenen Jahrhunderts in einer schwer deutbaren Symbolsprache zusammengefasst. Die Vision betrifft besonders den Kampf der atheistischen Systeme gegen die Kirche und die Christen und beschreibt das schreckliche Leiden der Glaubenszeugen des letzten Jahrhunderts im zweiten Jahrtausend. Trotzdem bleibt der ergangene Ruf der Gottesmutter zu Umkehr und Buße auch heute aktuell. Die eindringliche Aufforderung Marias zur Buße ist nichts anderes als der Ausdruck ihrer mütterlichen Sorge um das Los der Menschheitsfamilie, die der Umkehr und der Verzeihung bedarf.

Ein Papst beeinflusst das Denken des kommunistischen Parteichefs

Der 13. Mai 1981, der Jahrestag der Marienerscheinungen in Fatima, soll das Leben von Papst Johannes II. für immer verändern. Es ist 17 Uhr nachmittags. Etwa 30 000 Gläubige befinden sich zur Generalaudienz auf dem Petersplatz. Kardinal Dziwisz, Erzbischof von Krakau, damals Sekretär des Papstes, erinnert sich, was an diesem Tag geschah: „Der Jeep fuhr seine zweite Runde über den Petersplatz in Richtung der Kolonnaden auf der rechten Seite, die am Bronzetor enden. Der Heilige Vater lehnte sich aus dem Auto, weil man ihm ein blondes Kind entgegenhielt. Es hieß Sara, war gerade erst zwei Jahre alt und umfasste mit der Hand einen kleinen bunten Luftballon. Er nahm sie in den Arm und hob sie in die Luft, um sie allen zu zeigen. Dann küsste er die kleine Sara und gab sie mit einem Lächeln den Eltern zurück. Es war 17.17 Uhr. Mittwochsaudienzen fanden bei schönem Wetter nachmittags draußen statt. So war es auch an jenem 13. Mai 1981.

Ich hörte den ersten Schuss. Im gleichen Augenblick sah ich Hunderte Tauben, die plötzlich aufgeschreckt davonflogen. Dann fiel gleich darauf der zweite Schuss.

Als der zweite Schuss fiel, sackte Johannes Paul II. auf einer Seite in sich zusammen.

In diesem Moment sackte der Heilige Vater mir entgegen auf einer Seite in sich zusammen. Instinktiv schaute ich in die Richtung, aus der die Schüsse gekommen waren. Aus einem Tumult befreite sich ein junger Mann mit dunklen Gesichtszügen. Erst später habe ich erfahren, dass es sich um den Attentäter handelte, den Türken Mehmet Ali Agca. Ich bemühte mich, den Papst zu stützen. Aber es war so, als würde er sich schlaff hängen lassen. Er hatte ein schmerzverzerrtes Gesicht. War aber ruhig. Ich fragte ihn: ‚Wo war es?' – ‚Im Bauch.' ‚Tut es weh?' – ‚Es tut weh.' Die erste Kugel hatte seinen Unterleib getroffen, den Dickdarm durchbohrt und den Dünndarm an mehreren Stellen verletzt; dann war sie wieder ausgetreten und in den Jeep gefallen. Die zweite Kugel hatte zuerst seinen rechten Ellenbogen gestreift und den Zeigefinger seiner rechten Hand gebrochen. Dann hatte sie zwei amerikanische Touristen verletzt. Jemand schrie, in Richtung Ambulanz zu fahren. Aber diese befand sich auf der anderen Seite des Platzes. Der Jeep fuhr schnell durch den Glockentorbogen über die Via delle Fondamenta bis zur Zentrale des Vatikanischen Sanitätsdienstes. Dort befand sich bereits der inzwischen benachrichtigte Arzt des Heiligen Vaters Dr. Buzzonetti. Sie nahmen mir den Papst aus den Händen und legten ihn im Korridor des Gebäudes auf den Boden. Erst in dem Augenblick bemerkten wir das viele Blut, das aus der Wunde strömte. Buzzonetti beugte ihm die Beine und fragte ihn, ob er sie bewegen könne. Er bewegte sie. Sofort darauf gab der Arzt die Order, in die Gemelli-Klinik zu fahren. Der inzwischen bereitstehende Krankenwagen fuhr mit hoher Geschwindigkeit los. So begann jene verzweifelte Fahrt gegen die Uhr auf dem Viale delle Medaglie d'Oro. Die Wagensirene funktionierte nicht und der Verkehr war chaotisch. Dem Papst schwanden die Kräfte. Doch er war noch bei Bewusstsein. Er klagte mit leisem Seufzen, das immer schwächer wurde. Er betete: ‚Jesus, Maria, meine Mutter.' Als wir an der Poliklinik ankamen, verlor er das Bewusstsein. Die Ärzte, die den Eingriff durchführten, gestanden mir später, sie hätten ihn operiert, ohne an das Überleben des Patienten zu glauben. Es gab Probleme mit dem Blutdruck und dem Herzschlag. Der schlimmste Moment war allerdings, als Dr. Buzzonetti mich bat, dem Heiligen Vater die Krankensalbung zu spenden. Das machte ich sofort. Innerlich sehr aufgewühlt. Die erste Bluttransfusion war erfolglos geblieben. Eine weitere war notwendig geworden. Diesmal spendeten die Ärzte der Klinik das Blut selbst. Zum Glück war der Chirurg Prof. Francesco Crucitti eingetroffen, der sich angeboten hatte zu operieren, da der Chefarzt in Mailand weilte. Er begann mit dem Eingriff. Die ersten drei Tage waren schlimm. Der Heilige Vater betete ständig. Er litt, er litt sehr.

Noch mehr aber litt er, weil Kardinal Wyszynski im Sterben lag.

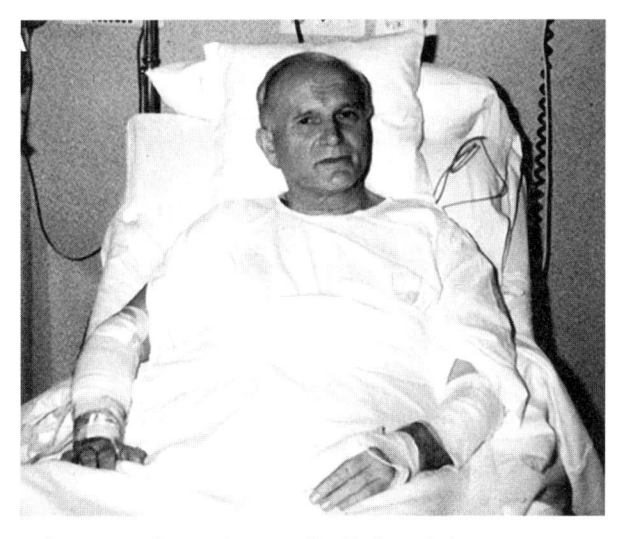

Johannes Paul II. in der Gemelli-Klinik nach dem Attentat am 13. Mai 1981.

Am 14. August, dem Vortag des Festes der „Aufnahme Mariens in den Himmel", konnte der Heilige Vater endgültig nach Hause zurückkehren. Um die Wahrheit zu sagen, hat Johannes Paul II. in den Tagen, die auf das Attentat folgten, nie an Fatima gedacht. Erst später, als er sich erholt hatte und wieder etwas zu Kräften gekommen war, hatte er begonnen, über den besonderen ‚Zufall‘ nachzudenken. Immer der 13. Mai! Ein 13. Mai im Jahre 1917 war der Tag der ersten Erscheinung der Gottesmutter in Fatima und ein 13. Mai war der Tag, an dem man versucht hatte, ihn zu töten. Am Schluss traf der Papst eine Entscheidung. Er bat darum, das dritte ‚Geheimnis‘ sehen zu können, das im Archiv der Kongregation für die Glaubenslehre aufbewahrt wurde. Als er es einmal gelesen hatte, blieben ihm keine Zweifel mehr. In jener ‚Vision‘ hatte er sein eigenes Schicksal erkannt. Er war nun der vollen Überzeugung, dass ihm dank des schützenden Eingreifens der Gottesmutter sein Leben gerettet, ja, neu geschenkt worden war. Später hörte er von Prof. Crucitti, dass nur ein Wunder den Papst gerettet hatte. Der Professor zeigte mir die Röntgenaufnahme, in der man den Richtungswechsel sah, als ob die Kugel auf ein Stück Eisen traf. Sonst hätte sie sein Rückenmark durchschlagen. Doch das ist einfach unverständlich, denn in dieser Zone des Körpers gibt es keine harten Stellen. Nicht einmal irgendein Knochen befand sich in der Nähe. Am 13. Mai 1994 bekräftigte der Papst selbst diese Überzeugung: ‚Es war eine mütterliche Hand, die die Flugbahn der Kugel leitete und der Papst, der mit dem Tode rang, blieb auf der Schwelle des Todes stehen.' Anlässlich eines Kurzbesuchs des damaligen Bischofs von Leiria-Fatima in Rom traf Johannes Paul II. die Entscheidung, ihm die Kugel zu überlassen, die nach dem Attentat im Jeep geblieben war. Er sollte sie im Heiligtum aufbewahren. Auf Initiative des Bischofs hin wurde sie daraufhin in die Krone der Statue der Madonna von Fatima eingefasst."

Nach dem Attentat ist der Papst fest entschlossen, die Welt dem Unbefleckten Herzen Mariens zu weihen. Er selbst hat ein Gebet verfasst für diesen von ihm so genannten „Vertrauensakt". Er soll am 7. Juni, dem Hohen Pfingstfest 1981, in der Basilika Santa Maria Maggiore gefeiert werden. Da der Heilige Vater gezwungenermaßen abwesend ist, wird seine aufgezeichnete Ansprache übertragen: „O Mutter der Menschen und der Völker, Du kennst all ihre Leiden und Hoffnungen. Du fühlst mit mütterlicher Anteilnahme alles Kämpfen zwischen Gut und Böse. Zwischen dem Licht und der Dunkelheit, von der die Welt befallen ist. Erhöre unseren Ruf, den wir im Heiligen Geist unmittelbar an Dein Herz richten. Umfange mit der Liebe der Mutter und der Magd des Herrn jene, die diese liebende Zuneigung am meisten ersehnen. Und zugleich auch diejenigen, auf deren Vertrauen Du besonders wartest! Nimm die ganze Menschheitsfamilie, die wir mit liebender Hingabe Dir, o Mutter, anvertrauen, unter Deinen mütterlichen Schutz. Mögen allen Menschen Zeiten des Friedens und der Freiheit, Zeiten der Wahrheit, der Gerechtigkeit und der Hoffnung beschieden sein!"

Ein Jahr nach dem Attentat pilgert Johannes Paul II. nach Fatima und dankt Maria vor der Statue Unserer Lieben Frau für seine „wunderbare" Errettung.

Genau ein Jahr nach dem Attentat pilgert der Wojtyła-Papst nach Fatima. Er betet vor der Statue Unserer Lieben Frau. Er trifft auch die Seherin Lucia dos Santos. Mit ihr verbindet ihn bis zu ihrem Tod eine enge Freundschaft.

Zwischen Johannes Paul II. und Schwester Lucia bestand zeitlebens eine enge Freundschaft.

Am 27. Dezember 1983 besucht Johannes Paul II. seinen Attentäter Mehmet Ali Agca im Gefängnis und verzeiht ihm seine Tat. Der Schwerpunkt des Gesprächs soll sich auf Fatima bezogen haben, indem Mehmet den Papst mehrfach gefragt habe, was das denn für eine Königin gewesen sei, die seinen Tod verhindert habe. Der Attentäter war gleich nach der Tat in Italien zu lebenslanger Haft verurteilt worden.

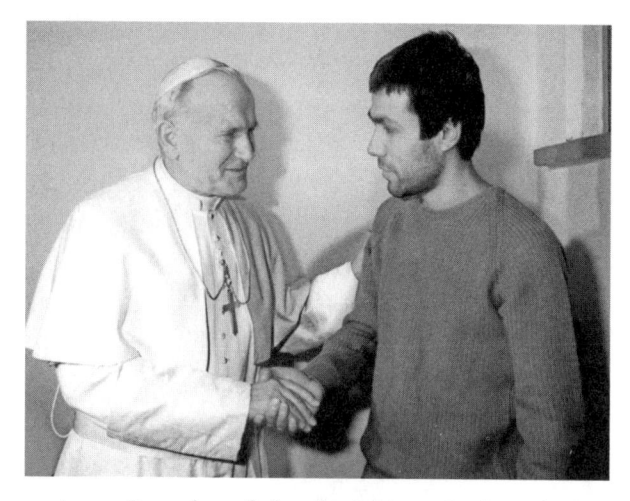

Am 27. Dezember 1983 besuchte Johannes Paul II. seinen Attentäter Mehmet Ali Agca im Gefängnis und verzeiht ihm seine Tat.

19 Jahre saß er davon ab, bis ihn der damalige italienische Staatspräsident Carlo Azeglio Ciampi auf Bitten des Papstes amnestierte und an die Türkei ausliefern ließ. Die Hintergründe des Attentats sind bis heute unklar. Eine weithin akzeptierte These lautet, dass der Anschlag auf den polnischen Papst

von der Sowjetregierung in Kooperation mit dem bulgarischen Geheimdienst angezettelt wurde.

Am 27. Dezember 2014 ist Ali Agca überraschend am Grab von Johannes Paul II. erschienen und hat dort einen Strauß weißer Rosen niedergelegt. Die Geste sei ihm ein Bedürfnis, da ihm der Papst offiziell verziehen habe, sagte er der Nachrichtenagentur ADN. In einem Interview mit der italienischen Zeitung „Il Giornale" am 12. Juli 2016 sagte Ali Agca, dass er, nachdem Papst Johannes Paul II. ihn in der Haftzelle besucht habe, damit angefangen habe, das Evangelium zu studieren.

Am 27. Dezember 2014 legte Ali Agca am Grab von Johannes Paul II. einen Strauß weißer Rosen nieder.

Mittlerweile kenne er die Heilige Schrift besser als viele andere. „In der Türkei lebe ich wie ein Pensionist, der seine Zeit vertut. Deshalb will ich Papst Franziskus bitten, dass er mich im Vatikan empfängt und ich katholischer Priester werde." Außerdem äußerte Agca den Wunsch, zum 100. Jahrestag der Erscheinungen im Mai 2017 nach Fatima zu pilgern. Dort hoffe er, „zusammen mit dem Papst zur Muttergottes beten zu können, meiner geistlichen Mutter".

Endlich erfüllt sich am 25. März 1984 in Rom die Bitte „Unserer Lieben Frau": Johannes Paul II. weiht in geistlicher Einheit mit allen Bischöfen die ganze Menschheit, einschließlich Russland, dem Unbefleckten Herzen Mariens. Am Tag vor der Weihe erhält der Papst fünf Telexmitteilungen des Patriarchen der Orthodoxen Kirche, worin dieser bekräftigt, dass er sich mit dem Papst bei diesem Weiheakt verbinden wird. Dann ist es soweit: Vor der Statue Unserer Lieben Frau, die sonst in der Erscheinungskapelle in der Cova da Iria in Fatima verehrt wird, spricht Johannes Paul II. das Weihegebet: „Darum, o Mutter der Menschen und Völker, die du alle ihre Leiden und Hoffnungen kennst und mit mütterlichem Herzen an allen Kämpfen zwischen Gut und Böse, zwischen Licht und Finsternis Anteil nimmst, die unsere heutige Welt erschüttern, höre unser Rufen, das wir unter dem Antrieb des Heiligen Geistes direkt an dein Herz richten. Umfange mit deiner Liebe als Mutter und Magd des Herrn diese unsere Welt, die wir dir anvertrauen und weihen, erfüllt von der Sorge um das irdische und ewige Heil der Menschen und Völker.

In besonderer Weise überantworten und weihen wir dir jene Menschen und Nationen, die dieser Überantwortung und Weihe besonders bedürfen. Unter deinen Schutz und Schirm fliehen wir, o heilige Gottesmutter! Verschmähe nicht unser Gebet in unseren Nöten! Vor dir, o Mutter Christi, vor deinem Unbefleckten Herzen, möchten wir uns heute zusammen mit der ganzen Kirche mit jener Weihe vereinen, durch die dein Sohn aus Liebe zu uns sich selber dem Vater geweiht hat, indem er sprach: ‚Und ich heilige mich für sie, damit auch sie in der Wahrheit geheiligt sind' (Joh 17,19). Wir wollen uns in dieser Weihe für die Welt und für die Menschen mit unserem Erlöser verbinden. In seinem göttlichen Herzen findet eine solche Weihe die Kraft, Verzeihung zu erlangen und Sühne zu leisten. Die Kraft dieser Weihe dauert durch alle Zeiten und umfängt alle Menschen, Völker, Nationen. Sie überwindet alles Böse, welches der Fürst der Finsternis im Herzen des Menschen und in seiner Geschichte zu wecken vermag und in unseren Zeiten auch tatsächlich geweckt hat. Wie tief empfinden wir das Bedürfnis nach dieser Weihe für die Menschheit und für die Welt, für unsere heutige Welt: der Weihe, die wir in Einheit mit Christus vollziehen. Das Erlösungswerk Christi muss ja durch die Kirche an die Welt vermittelt werden. Das zeigt das gegenwärtige Jahr der Erlösung, das außerordentliche Jubiläum der ganzen Kirche. Sei in diesem Heiligen Jahr gepriesen über alle Geschöpfe, du Magd des Herrn, die du dem göttlichen Ruf in vollkommenster Weise gefolgt bist. Sei gegrüßt, die du mit der erlösenden Weihe deines Sohnes auf das engste verbunden bist! Mutter der Kirche! Erleuchte das Volk Gottes auf den Wegen des Glaubens, der Hoffnung und der Liebe! Erleuchte besonders die Völker, deren Weihe und Überantwortung du von uns erwartest. Hilf uns, die Weihe Christi für die gesamte Menschheitsfamilie der heutigen Welt in ganzer Wahrheit zu leben! Wenn wir dir, o Mutter, die Welt, alle Menschen und Völker anvertrauen, so vertrauen wir dir dabei auch diese Weihe der Welt an und legen sie in dein mütterliches Herz. O Unbeflecktes Herz, hilf uns, die Gefahr des Bösen zu überwinden, das so leicht in den Herzen der heutigen Menschen Wurzel fasst und dessen unermessliche Auswirkungen über dem heutigen Leben lasten und den Weg in die Zukunft zu versperren scheinen. Von Hunger und Krieg: Befreie uns! Von Atomkrieg, unkontrollierter Selbstzerstörung und jeder Art des Krieges: Befreie uns! Von den Sünden gegen das Leben des Menschen von seinen Anfängen an: Befreie uns! Vom Hass und von der Missachtung der Würde der Kinder Gottes: Befreie uns! Von jeder Ungerechtigkeit im sozialen, nationalen und internationalen Leben: Befreie uns! Von leichtfertiger Übertretung der Gebote Gottes: Befreie uns! Vom Versuch, in den Herzen der Menschen sogar die Wahrheit von Gott zu ersticken: Befreie uns! Vom Verlust des Bewusstseins von Gut und Böse: Befreie uns! Von den Sünden gegen den Heiligen Geist: Befreie uns, befreie uns! Höre, Mutter Christi, diesen Hilfeschrei, in welchem das Leid aller Menschen zu dir ruft, das Leid ganzer Völker! Hilf uns mit der Kraft des Heiligen Geistes, alle Sünde zu besiegen: die Sünde des Menschen und die Sünde der Welt, die Sünde in jeglicher Form. Noch einmal zeige sich in der Geschichte der Welt die unermessliche Heilskraft der Erlösung: die Macht der erbarmenden Liebe! Möge sie dem Bösen Einhalt gebieten! Möge sie die Gewissen wandeln! In deinem Unbefleckten Herzen offenbare sich allen das Licht der Hoffnung!"

Schwester Lucia bestätigt dem Papst persönlich, dass dieser feierliche und universale Weiheakt dem entsprach, was „Unsere Liebe Frau" wollte. Nach ihrer Überzeugung hat dieser Weiheakt einen Atomkrieg verhindert. Es ist in der Tat einer der kritischsten Momente der Menschheitsgeschichte. Die beiden Großmächte, die unter sich verfeindet sind, rüsten gewaltig mit Atomwaffen auf. Die Welt steht davor, zu einem großen Teil vernichtet zu werden.

Was an diesem 25. März 1984 im Machtzentrum der Sowjetunion, im Kreml geschieht, scheint fast unglaublich. Bischof Pavol Hnilica, ein slowakischer Bischof, steht mit dem Papst stets in sehr engem Kontakt. Er kennt auch Schwester Lucia persönlich. Eigentlich will er bei der feierlichen Zeremonie des Weiheaktes in Rom mit dabei sein. Nun ist er gerade zu Besuch bei Mutter Teresa in Kalkutta. Sie besorgt ihm ein Visum für einen Flug via Moskau! Dieses Visum ist zweigeteilt: Eines für die Reise von Kalkutta nach Moskau. Das andere von Moskau nach Rom. Mutter Teresa schenkt ihm auch ihren Rosenkranz mit der Bitte, ihn während der nicht ungefährlichen Reise zu beten. In seinen Taschen hat der Bischof alles bereit für die Feier einer heiligen Messe: Brot und etwas Wein in einem Medikamentenfläschchen. Es gelingt ihm, bei der Zwischenlandung den Kreml zu betreten. Er tut dies mit der Regierungszeitung „Prawda" in der Hand. Darin hat er Brot und Wein versteckt. Genau zurzeit, als der Papst in Rom die Weihe vornimmt, gelingt es ihm, im Machtzentrum der mächtigen Sowjetunion die heilige Eucharistie zu feiern. Die erste dort seit der Oktoberrevolution von 1917.

Lassen wir Bischof Pavol Hnilica selbst berichten: „Als der Heilige Vater die Welt und Russland am 25. März 1984 dem Unbefleckten Herzen Mariens weihte, lud er alle Bischöfe der Welt ein, in jeder Diözese das Gleiche zu tun. Aber meine Diözese war symbolisch jene von Moskau. Dreißig Jahre lang habe ich versucht, nach Moskau zu gelangen. Aber immer vergeblich. Aber an diesem Tag der Weihe Russlands war es durch Mutter Teresa von Kalkutta möglich geworden. In Begleitung eines Priesters, den ich in Fatima nur einige Monate zuvor für Russland geweiht hatte, kam ich am Flughafen von Moskau um vier Uhr früh an. Der Kontrollbeamte fragte mich nach meinem Pass. Ich hatte einen italienischen Ausweis und antwortete auf Italienisch. Der Beamte verstand mich nicht.

Dann begann er herum zu telefonieren. Draußen war es 10 Grad minus. Aber ich schwitzte. Vermutlich mehr als im Sommer an der Sonne. Auch der Priester neben mir schwitzte. Scherzend hatte er zu mir in Kalkutta gesagt: ‚Pater Paul, wir gehen jetzt für vier oder fünf Tage nach Moskau. Aber vielleicht werden daraus 14 Jahre in Sibirien.'

Es schien, als ob er Recht hätte. Ich nahm meinen Rosenkranz zur Hand, den mir Schwester Teresa geschenkt hatte, und ich begann zu beten. Der Beamte drinnen telefonierte noch immer. Aber Gott sei Dank antwortete niemand. Jene, die er zu erreichen versuchte, schliefen wahrscheinlich noch tief. Doch er gab nicht auf. Er kam zu uns und stellte mir einige Fragen. Ich antwortete wieder mit ‚Si, si.' Erneut verschwand er und telefonierte. Diesmal sehr lange. Ich hatte inzwischen fast den ganzen Rosenkranz zu Ende gebetet und sagte der Muttergottes: ‚Ich bin voll in deinen Händen. Möge der Wille Gottes geschehen.' Als der Beamte noch immer keine Antwort bekam, wurde er ärgerlich. Er legte den Hörer auf, stempelte meinen Pass und sagte: ‚Verdufte!'

Dann kam jedoch die Gepäckkontrolle. Sie durchsuchten die Tasche, in der ich mein Kreuz, die Bibel und verschiedene Medaillen hatte. Ich hatte Hunderte von wundertätigen Medaillen der Muttergottes und einige, vielleicht sechzig, des Vatikans darin. Der Soldat nahm sie in seine Hände. Ich sah, dass er sie liebte. Er fragte mich: ‚Was ist das?' – ‚Souvenirs von Rom.' Dann sagte ich: ‚Genosse, wenn sie dir gefallen, kannst du ein paar für dich behalten.' Und er nahm einige.

Der Höhepunkt meines Aufenthalts in Moskau sollte das Fest Maria Verkündigung sein. Es war Samstag und der Kreml war für Touristen geöffnet. So legte ich meinen Plan zurecht. Ich war ja auch ein Tourist. Aber schon beim Eingang gab es Schwierigkeiten. Ich wurde aufgefordert, meine Tasche mit gewissen Dingen darin abzugeben. Dies behagte mir aber gar nicht. So begann ich, mit ihm zu reden: ‚Woher kommen Sie? Haben Sie Kinder? Und welche Namen tragen sie?' – ‚Konstantin und Michael', antwortete der Wächter. Ich gratulierte ihm. ‚Da haben Sie schöne Namen ausgewählt. Und wo sind Ihre Kinder?' – ‚Bei der Großmutter.' – ‚Da sind sie in guten Händen.' Sind doch die Großmütter die heimlichen Gläubigen Russlands. Der Wächter wurde immer freundlicher. Schließlich sagte ich zu ihm: ‚Wissen Sie, Genosse, ich benötige diese Tasche. Darin befinden sich persönliche Dinge.' Und er antwortete: ‚Also ausnahmsweise! Gehen Sie!'

So betrat ich die erste Kirche. Im Kreml wurden alle Kirchen in Museen umfunktioniert. Ich fragte die Bedienstete: ‚Welche Kirche ist das?' – ‚Die Kirche vom heiligen Michael', antwortete sie enthusiastisch. ‚Wie schön', sagte ich und ob sie wisse, wer der heilige Michael sei. ‚Ja, er ist ein Erzengel', kam es spontan aus ihr heraus. ‚Glauben Sie?', bohrte ich weiter. Worauf sie ehrlich antwortete: ‚Ja, ich bin eine gläubige Frau.' –‚Auch ich bin ein Gläubiger', war meine Antwort, ohne jedoch zu verraten, wer ich sei. Dass sie mir gestand, eine Gläubige zu sein, brauchte viel Mut. Ich sagte: ‚Der Name Michael bedeutet, wer ist wie Gott. Ich heiß ebenfalls Michael.' Das ist der Name, den ich bei meiner Weihe annahm. Darauf sagte sie: ‚Dann ist das auch Ihre Kirche. Willkommen!' So betrat ich also meine Kirche. Ich ging zum Altar des heiligen Michael, nahm die Zeitung Prawda aus meiner Tasche und breitete sie aus. Zwischen den Seiten war jedoch der Osservatore Romano versteckt mit dem Text der Weihe des Papstes. Und ich begann zu beten: ‚Unter Deinen Schutz und Schirm, fliehen wir o heilige Gottesgebärerin ...' Dort, in der Kirche des Kremls, vereinigte ich mich im Gebet mit dem Heiligen Vater und mit allen Bischöfen der Welt. Und so weihte ich Russland in Vereinigung mit ihnen dem Unbefleckten Herzen Mariens. Danach begab ich mich zur Kirche Maria Himmelfahrt und wiederholte die Weihe am Altar der Muttergottes. Auf der gegenüberliegenden Seite befindet sich der Thron des Patriarchen. Ich legte auf diesen Thron eine Medaille und sagte zu Unserer Frau: ‚Sobald als möglich musst du auf diesen Thron den wahren Patriarchen bringen.' Wiederum nahm ich die kommunistische Prawda mit dem Osservatore zur Hand und vereinigte mich mit dem Heiligen Vater und allen Bischöfen, indem ich die Gebete aufmerksam wiederholte. Als ich begann, die heilige Messe zu feiern, gab ich vor, eine Aufnahme zu machen. Ein leeres Fläschchen von Aspirintabletten war mein Kelch. Etwas Wein und einige Tropfen Wasser hatte ich auch bei mir. Die Hostien befanden sich in einem kleinen Nylonsack. Das genügte. Den lateinischen Text für das Fest Maria Verkündigung befand sich in den Innenseiten der Prawda. Und Prawda bedeutet Wahrheit. Vermutlich war dies das erste Mal, dass in dieser Zeitung die Wahrheit stand: Der Text von Mariä Verkündigung! Dies war die bewegendste heilige Messe meines ganzen Lebens. Sie ließ mich erschauern. Ich fühlte die große Macht Gottes. Seine Liebe und seine Freundlichkeit. Der Kommunismus kam mir so klein vor. Alle Gefahren waren so unbedeutend. Sie existierten nicht mehr. Nur noch Gott und Maria. Bei der Opferung erneuerte ich die Weihe Russlands an die Gottesmutter. Einen Teil des Weihegebets verrichtete ich unmittelbar nach der Konsekration von Brot und Wein in Anwesenheit des lebendigen Retters. Es war der Teil, in dem es heißt: ‚In besonderer Weise überantworten und weihen wir dir jene Menschen und Nationen, die dieser Überantwortung und Weihe besonders bedürfen.' Dabei nannte ich die Nationen Russlands alle beim Namen.

Bischof Pavol Hnilica gestand später dem Papst, dass ihn Maria bei seiner geheimen Eucharistiefeier im Kreml an der Hand geführt hat.

Als später ich all dies dem Heiligen Vater erzählte, meinte er: ‚An diesem Tag hat dich die Muttergottes an der Hand geführt.' – ‚Nein, Heiliger Vater', antwortete ich, ‚sie hat mich in ihren Armen getragen.'"

Dann kommt der Kollaps der Sowjetunion und des gesamten kommunistischen Blocks. Es funktioniert nichts mehr. Die Wirtschaft ist kaputt. Die sozialistische Moral ist tief nach unten gesunken. Trotzdem überleben die kommunistischen Regime bis 1989 alle Krisen. Je schlechter es ihnen geht, desto mehr werden die Menschen ausgebeutet. Das scheint auch so weiter zu funktionieren.

Den tatsächlichen Zusammenbruch des Kommunismus kann man nicht anders als ein Wunder bezeichnen. Beim Zerfall der Sowjetunion spielt Papst Johannes Paul II. eine entscheidende Rolle. Das wird von keinem Historiker bestritten. Durch seine Autorität und seinen beharrlichen Einsatz für Menschenwürde, Menschenrechte und Religionsfreiheit im Dialog mit den kommunistischen Funktionären trägt er entscheidend zum Zusammenbruch des Kommunismus in Osteuropa bei. Dieses sein energisches Handeln hängt sicher auch mit seinen Erfahrungen zur Zeit des Nationalsozialismus zusammen. Karol Wojtyła war im von Deutschen besetzten Polen im kirchlichen Untergrund tätig gewesen. Während der Nazizeit schuftete er in einem Bergwerk und in einer Chemiefabrik, um so der Deportation als Fremdarbeiter nach Deutschland zu entgehen. Er hatte am eigenen Leib erfahren, wie menschenverachtend Diktaturen sind: Alles muss der Ideologie dienen, selbst wenn die Menschen dabei zugrunde gehen. Der Kalte Krieg und das Wettrüsten von Sowjetunion und NATO sind auf dem Höhepunkt angelangt.

Parteichef in Moskau ist Leonid Breschnjew, ein Apparatschik ersten Ranges. Moskau befürchtet durch den polnischen Papst eine Destabilisierung des sozialistischen Lagers an der wichtigen polnischen Flanke. Die ersten Worte des Pontifikats von Johannes Paul II. sind deutlich genug: „Habt keine Angst! Reißt die Tore auf für Christus! Öffnet die Grenzen der Staaten! Die wirtschaftlichen und politischen Systeme für seine rettende Macht!" Die Menschen in Osteuropa horchen auf. Das sind neue, starke Töne, die man aus dem Vatikan so noch nie gehört hat. Von dort sind bisher meist nur vorsichtige diplomatische Botschaften ausgegangen, um die Existenzbedingungen der katholischen Gläubigen nicht zu verschlechtern. Jetzt wendet sich der Papst direkt an die Katholiken im Ostblock und ruft sie indirekt zum gewaltlosen Widerstand auf: „Die Stimme der Kirche des Schweigens bin ich!" Er tritt mit den Kirchenleitungen und Regierungen in Osteuropa in Verbindung. Nie sucht er die Konfrontation mit den kommunistischen Führern. Immer ist er auf den Dialog bedacht. Seine kommunistischen Gesprächspartner spüren, dass der Papst die Taktiken der Kommunisten bestens kennt. Ruhig, freundlich, aber unerbittlich beharrt er auf seinen Forderungen nach Glaubensfreiheit und Menschenrechte.

Es ist das Ziel kommunistischer Staaten, Kirchen aus der Öffentlichkeit und Religion aus dem gesellschaftlichen Bewusstsein zu verdrängen. Als das in Polen nicht gelingt, wird am 13. Dezember 1981 über das Land das Kriegsrecht verhängt. Breschnjew und die sowjetische Regierung befürchten, die Gewerkschaft Solidarnosc könnte das gesamte sowjetische Imperium gefährden. Streiks werden niedergeschlagen, Oppositionelle inhaftiert oder des Landes verwiesen. Es gibt Tote. Aus Angst vor der sowjetischen Invasion lassen die Polen das alles voller Empörung über sich ergehen. In einem Brief schreibt Johannes Paul II. dem sowjetischen Staatschef Leonid Breschnjew: „Wenn ihr in Polen einmarschiert, dann ist das genau das Gleiche wie der Einmarsch von Nazi-Deutschland nach Polen im Jahre 1939." Tatsächlich findet der sowjetische Einmarsch in Polen nicht statt. Die Verhängung des Kriegsrechts ist eine Bankrotterklärung des kommunistischen Regimes, das sich davon nicht wieder erholen wird.

Am 1. Dezember 1989 empfing Johannes Paul II. Michail Gorbatschow als ersten sowjetischen Parteichef im Vatikan.

Mit Michail Gorbatschow kommt Bewegung in den starren Ostblock. Seine Politik von „Glasnost" und „Perestroika" weckt auf beiden Seiten des Eisernen Vorhangs Hoffnungen. Am 1. Dezember 1989 – kurz nach dem Fall der Berliner Mauer – wird Michail Gorbatschow von Papst Johannes Paul II. als erster sowjetischer Parteichef im Vatikan empfangen. Diese Audienz macht die Sympathie zwischen Papst und Gorbatschow offenkundig. Gorbatschow schenkt dem Papst die Umarmung des Friedens und bittet ihn um Verzeihung für die durch seine Partei begangenen Irrtümer. Dabei bestätigt er: „Ohne Sie, Heiliger Vater, wäre die Berliner Mauer nie gefallen." Und der damalige Außenminister der UdSSR, Eduard Schewardnadse, flüstert dem damaligen Staatssekretär Kardinal Agostino Casaroli bei einem Privatgespräch zu: „Johannes Paul II. hat die Hauptrolle beim Umbruch im Ostblock gespielt." Doch auch bei dieser Audienz unterlässt es der Papst nicht, bei Gorbatschow Menschenrechte und Glaubensfreiheit anzumahnen. Die Worte des Papstes scheinen auf fruchtbaren Boden zu fallen. Ein Jahr später setzt Gorbatschow in der Sowjetunion neue Religionsgesetze durch, die den Glaubensgemeinschaften Glaubensfreiheit zugestehen. Michail Gorbatschow selbst schreibt 1992 nach dem endgültigen Zusammenbruch des Kommunismus in Europa: „Alles, was in den letzten Jahren in Osteuropa geschehen ist, wäre ohne diesen Papst nicht möglich gewesen. Gleichzeitig unterstreicht er: „Dieser Papst hat mein Denken beeinflusst."

Auch Papst Franziskus steht ganz in der Fatima-Tradition seiner Vorgänger. Am ersten Tag nach seiner Wahl „flieht" er aus dem Vatikan in die

Basilika Santa Maria Maggiore zum Gnadenbild der Madonna Salus Populi Romani, Beschützerin des römischen Volkes.

Bei seinem ersten Angelus auf dem Petersplatz erwähnt er Fatima. Darum ist es nicht verwunderlich, dass sein Pontifikat seit dem 13. Mai 2013 der Jungfrau von Fatima geweiht ist. Die Weihe erfolgt durch Kardinal José Policarpo, den Patriarchen von Lissabon, zum Jahrestag der ersten Erscheinung. Der Patriarch hat schon vorher vor den portugiesischen Bischöfen und dem apostolischen Nuntius in Portugal wörtlich mitgeteilt: „Papst Franziskus hat mich zweimal darum gebeten, dass ich seinen neuen Dienst Unserer Lieben Frau von Fatima weihe. Maria wird uns in all unserer Arbeit leiten und auch in der Form, diesen Wunsch von Papst Franziskus zu erfüllen." Zahlreiche Pilger der Hunderttausenden Teilnehmer tragen dabei ein Bild des Heiligen Vaters. Der Kardinal erinnert in seiner Predigt an die Dringlichkeit der Botschaften von Fatima und dass die Umkehr der Menschen auch heute noch aktuell und notwendig ist: „Gott vergibt uns, weil er uns liebt. Die Kirche unter Papst Franziskus soll ein Ort der Umkehr und der Verzeihung sein. Ein Ort, an dem sich die Wahrheit in Liebe ausdrückt."

Papst Franziskus vor der Statue Unserer Lieben Frau von Fatima.

Am 13. Oktober 2013 spricht während der Papstmesse Franziskus ein Weihegebet an die Muttergottes von Fatima:

„Selige Jungfrau Maria von Fatima,
Stets dankbar für deine mütterliche Gegenwart
Vereinen sich unsere Stimmen mit denen aller
Generationen,
Die dich selig preisen.

Wir feiern in dir die großen Werke Gottes,
Der nicht müde wird, sich barmherzig der
Menschheit zuzuneigen,

Die vom Bösen bedrängt und von der Sünde verwundet ist,
Um sie zu heilen und zu retten.

Nimm in mütterlicher Güte
Den Weiheakt an, den wir heute voller Vertrauen vollziehen,
Im Angesicht Deines Bildes, das uns so teuer ist.

Wir sind sicher, dass ein jeder von uns in deinen Augen wertvoll ist
Und dass dir nichts von dem fremd ist, was in unseren Herzen ist.
Wir lassen uns von deinem liebevollen Blick berühren
Und wir empfangen die tröstende Zärtlichkeit Deines Lächelns.

Berge unser Leben in deinen Armen:
Segne und stärke jedes Verlangen nach Gutem;
Stärke und nähre den Glauben;
Erhalte und erleuchte die Hoffnung,
Erwecke und belebe die Liebe,
Führe uns alle auf dem Weg der Heiligkeit.

Lehre uns die besondere Liebe
Für die Kleinen und Armen,
Für die Ausgeschlossenen und die Leidenden,
Für die Sünder und die im Herzen Verwirrten:
Sammle alle unter deinem Schutz
Und vertrau sie deinem geliebten Sohn an, unserm Herrn Jesus.
Amen."

Ein Staatsoberhaupt kämpft auf den Knien um Tausende von Kriegsgefangene

Konrad Adenauer gehört als erster Kanzler der Bundesrepublik Deutschland mit Robert Schuman, Alcide de Gasperi, Paul-Henri Spaak zu den Gründungsvätern Europas. Nach dem Zweiten Weltkrieg, in einer Zeit der Ohnmacht und äußeren Bedrohung, umgeben vom Misstrauen der Welt gegen die Deutschen, sagt er 1946 auf einer Parteiveranstaltung: „Es gibt nichts nach meiner tiefsten Überzeugung, was diesem gequälten, so oft von Kriegen durchtobten Erdteil endlich einmal Ruhe und Frieden bringen kann, als die Vereinigten Staaten von Europa."

Mit Konrad Adenauer gelingt die Aussöhnung mit Frankreich und Israel sowie die Integration der seit 1955 souveränen Bundesrepublik in das Atlantische Bündnis. Seine Nichtanerkennung der DDR dient der späteren Wiedervereinigung. Die Wurzeln seiner Kraft liegen in seinem Glauben, den er selbstverständlich und unaufdringlich praktiziert.

Als Marienverehrer pflegt Adenauer eine große Nähe zu mehreren deutschen Marienwallfahrtsorten. Für ihn sind diese „die heimlichen Hauptstädte der Welt, Schnittpunkte menschlicher Hoffnung, die nie aufhört, auch dann nicht, wenn der Mensch nicht mehr aus noch ein zu wissen meint. Sie sind Gnadenorte in einer gnadenlosen Welt."

Adenauer ist Mitglied der „Blauen Armee Mariens", dem deutschen Zweig einer internationalen Fatima-Organisation. Am 30. Mai 1954 wird ihm der „Erste Internationale Friedenspreis der Blauen Armee Mariens" im Palais Schaumburg, dem Sitz des Bundeskanzlers, verliehen. In seiner Laudatio würdigt ihr amerikanischer Gründer und Leiter Prälat Harold Colgan Adenauers Verdienste gegen den atheistischen Kommunismus und für den Weltfrieden. In seiner Dankrede betont Adenauer: „Wenn Sie sagen, dass wir mit geistigen Waffen gegen den Kommunismus kämpfen müssen und dass wir nur so einen dauernden Frieden erreichen können, haben Sie vollkommen Recht. Ohne die Hilfe des Gebets, ohne die Hilfe von oben können wir das Böse nicht besiegen. Wenn wir alle zusammenhalten im Vertrauen auf Gott, dann können wir dieses Ziel erreichen."

Auf dem Arbeitstisch des Bundeskanzlers liegt eine „Wunderbare Medaille", die auf die Marienerscheinungen von Catharine Laboure (1808-1876) in Paris zurückgeht. Seine besondere „Freundin" ist die heilige Bernadette Soubirous aus Lourdes. In seiner Privatbibliothek steht in vorderster Reihe der Roman „Das Lied von Bernadette" des deutschjüdischen Schriftstellers Franz Werfel.

Die Worte der Muttergottes in Fatima, „Betet täglich den Rosenkranz und es wird Frieden geben", hat sich Adenauer geradezu als Arbeitsmotto für seine Aufgaben als Bundeskanzler gewählt. Täglich betet er mit seiner Familie den Rosenkranz. Weil er aus der Überzeugung lebt: Es gibt kein Problem, das durch das beharrliche und vertrauensvolle Beten des Rosenkranzes nicht gelöst werden kann. Das zeigt sich ganz konkret an der Tatsache, wie er 1955 die letzten deutschen Kriegsgefangenen aus Russland heimholt. Selbst nach Stalins Tod im März 1953 ändert der Kreml seine feindselige Haltung gegenüber den Deutschen nicht. Immer noch leben 10 000 Kriegsgefangene und 20 000 Zivilpersonen hinter russischem Stacheldraht. [1,2]

Millionen sind bereits in den Arbeitslagern verstorben. Konrad Adenauer entschließt sich, vom 9. bis 13. September 1955 nach Moskau zu reisen. Eine Riesendelegation in vier Flugzeugen und ein Sonderzug, der gleichzeitig als abhörsicheres Büro dient, treffen mit ihm in der russischen Hauptstadt ein. Er will mit Staatspräsident Bulganin und Ministerpräsident Chruschtschow über die Freilassung seiner Landsleute verhandeln. Vor Beginn seiner Reise ist sich der Bundeskanzler darüber im Klaren, dass die Verhandlungen durch große psychische Belastungen erschwert sein werden. Erst vor zehn Jahren war der vom Naziregime begonnene und vor allem gegen Russland grausam geführte Zweite Weltkrieg beendet worden. In jeder Gesprächsphase muss der Kanzler für die Heimkehr vieler tausender Menschen intensiv kämpfen. Hängt doch ihr weiteres Schicksal vom Ausgang seiner Verhandlungen ab. Außerdem hat das deutsche Volk hochgesteckte emotionale Erwartungen auf ihn gesetzt.

Als erster Schritt seiner Mission betet Adenauer den Rosenkranz auf dem Roten Platz in Moskau. Da für den Sonntag keine offiziellen Termine vorgesehen sind, besucht er kurzentschlossen die heilige Messe in der Moskauer St. Ludwigskirche. Einer der mitgereisten Journalisten, Max Schulze-Vorberg, erinnert sich: „Der Pfarrer hatte für den Bundeskanzler eine Art Bischofsstuhl bereit gestellt. Trotz seiner fast achtzig Jahre setzte sich Konrad Adenauer nicht darauf. Während der Messe kniete er fast immer. Ich bin nicht katholisch. Vielleicht ist mir das deshalb besonders aufgefallen." Mit höchst gemischten Gefühlen begibt sich Adenauer zu den Verhandlungen. Als er auf die Rückkehr der deutschen Gefangenen zu sprechen kommt, bauen die Sowjets Hürden auf. Bulganin erklärt: „Es gibt zwar 9626 solcher Leute. Das sind jedoch Leute, die das menschliche Antlitz verloren haben. Es sind dies Gewalttäter, Brandstifter, Mörder von Frauen, Kindern und Greisen. Sie wurden von sowjetischen Gerichten nach Gebühr verurteilt und können nicht als Kriegsgefangene angesehen werden."

Am dritten Tag der Verhandlungen beginnt sich die Lage zu verhärten. Parteichef Chruschtschow hat schon vorher deutlich klar gemacht, dass die „politischen und sozialistischen Errungenschaften der DDR" nicht angetastet werden dürfen. Die Theorie von zwei deutschen Staaten bleibt bestimmend für die sowjetische Politik. Der

Alleinvertretungsanspruch der Bundesrepublik ist für sie unakzeptabel. Eine Aufnahme diplomatischer Beziehungen mit der Bundesrepublik würde für die Sowjetunion eine sichtbare Bestätigung der Zwei-Staaten-Theorie bedeuten. Die Situation wird für Adenauer immer schwieriger. Wie soll er die letzten 10 000 Kriegsgefangenen freibekommen? Außerdem beabsichtigt er nicht die sofortige Aufnahme diplomatischer Beziehungen. Schnell zeichnet sich ab, wie unversöhnlich sich die Positionen beider Verhandlungspartner gegenüberstehen. Die Verhandlungen scheinen zu scheitern. Soll Adenauer nur die Einsetzung von Kommissionen zur Klärung von Vorbedingungen vorschlagen oder die Verhandlungen ganz abbrechen? Beides wäre nach dem feierlichen Empfang eine Brüskierung der Sowjetunion. Nikolai Bulganin macht nochmal deutlich: „Wenn es in diesem Punkt zu keiner Einigung kommt, müssen wir eben Abschied voneinander nehmen." Damit liegt das Minimum eines deutschen Verhandlungserfolgs in weiter Ferne. Schließlich fällt der Bundeskanzler die Entscheidung, vorzeitig in die Bundesrepublik zurückzukehren. In einem unverschlüsselten Telefongespräch lässt er in Frankfurt anfragen, wann die beiden Lufthansamaschinen zum Rückflug eintreffen können. Zur gleichen Zeit ist 2 000 km südwestlich von Moskau eine Männergruppe im Schweizerischen Sachseln/Flüeli bei Luzern versammelt. In der Ranftkapelle, der Einsiedelei des heiligen Bruder Klaus, beten sie ununterbrochen Tag und Nacht vor dem ausgesetzten Allerheiligsten in geistiger Verbundenheit mit dem Bundeskanzler um das Gelingen der Gespräche in Moskau. In ihrem Aufruf „Adenauer nach Moskau – Männer nach Sachseln" heißt es: „Wenn die Politiker in Moskau auf höchster Ebene verhandeln, müssen auch wir auf einer noch viel höheren Ebene mit Gott auf den Knien verhandeln." Auch Adenauer selbst hat vor seinem schweren Gang nach Moskau inkognito eine ganze Nacht lang am Grab des heiligen Bruder Klaus mit Gott gerungen, um sich Kraft für seine Gespräche zu holen.

In der Nacht vor der letzten anscheinend aussichtslosen Begegnung mit den Sowjets betet Adenauer vor einer Statue der Fatima-Madonna in der französischen Botschaft. Zum Abschied findet ein großes Bankett mit üppigem Buffet und reichlich Wodka statt. Kanzleramtschef Hans Globke empfiehlt dem rüstigen 79-jährigen Kanzler, vor diesem obligatorischen Trinkgelage einen Löffel Olivenöl zu nehmen. Zwecks „Sicherung gegen vorzeitige Ausfälle" durch üppigen Wodkaverzehr. Bulganin und Chruschtschow fragen Adenauer, was der eigentliche Grund dafür sei, dass er sich sträube, diplomatische Beziehungen aufzunehmen. Darauf Adenauer: „Das ist nicht möglich, ohne dass die Kriegsgefangenen und 130000 Verschleppte zurückkehren." Es ist also keine Rede mehr von der Wiedervereinigung. Plötzlich macht Bulganin einen neuen Vorstoß: „Lassen Sie uns zu einer Einigung kommen. Schreiben Sie mir einen Brief über die Aufnahme diplomatischer Beziehungen, und Sie bekommen die Kriegsgefangenen. In einer Woche! Wir geben Ihnen unser Ehrenwort!" Adenauer fragt vorsichtig zurück: „Sind damit auch die Zivilgefangenen gemeint?" Bulganin wiederholt: „Jawohl alle. Alle!" Chruschtschow bestätigt das Angebot: „Wir können keine schriftlichen Garantien geben. Aber wir geben Ihnen unser Ehrenwort."

Zwischen dem sowjetischen Ministerpräsidenten Nikolai Bulganin (links) und Bundeskanzler Konrad Adenauer kommt es am 12. September 1955 in Moskau, dem Festtag Mariä Namen, zur Dokumentenübergabe für die Aufnahme diplomatischer Beziehungen und damit zur Befreiung der deutschen Kriegsgefangenen.

Ob Adenauers einzige Trumpfkarte mit der indirekten Drohgebärde, früher als geplant die Heimreise anzutreten, jetzt bei den Sowjets wirklich gestochen hat, bleibt offen. Sicherlich sind sie von seiner Prinzipientreue und Standfestigkeit beeindruckt. Sein Entschluss, entgegen allen Warnungen seiner Berater, auf das sowjetische Ehrenwort zu vertrauen, resultiert aus seinem Glauben an das Gute im Menschen, seiner eigenen Lebenserfahrung und Menschenkenntnis.

Konrad Adenauer schüttelt Nikolai Bulganin und Nikita Chruschtschow beim Abschied seiner Moskaureise die Hände als ein Zeichen des Beginns einer neuen Ära zwischen beiden Staaten.

Am 12. September, dem Festtag Mariä Namen, kommt es zur Dokumentenübergabe für die Aufnahme diplomatischer Beziehungen. Tatsächlich steht Bulganin zu seinem Ehrenwort: Annähernd 10 000 Kriegsgefangene und über 20 000 Zivilpersonen sind frei. Am 7. Oktober, dem Festtag „Unserer Lieben Frau vom Rosenkranz", treffen die ersten 600 Kriegsgefangenen im Grenzdurch-

gangslager Friedland bei Göttingen ein. Es kommt
zu erschütternden Szenen:

*Bei der Ankunft auf dem Flughafen Köln-Bonn bedankt sich die
Mutter eines Kriegsgefangenen bei Adenauer.*

Ein Bus mit den Heimkehrern blendet unaufhörlich seine Scheinwerfer auf. Der Fahrer hält die Hand dauernd auf der Hupe. Arme fliegen hoch. Taschentücher winken. Dann steigen die Heimkehrer aus. Zum ersten Mal betreten sie wieder deutsches Pflaster. Glücklich lächelnd. Tief bewegt. Äußerlich ruhig. Tränen in den Augen. Barhäuptig hört die Menge in dieser Stunde das Lied „Nun danket alle Gott". Die Heimgekehrten tragen zum Teil noch blaue, gefütterte Gefangenenjacken. Ihre Gesichter sind gezeichnet: von Entbehrungen, harter Arbeit, zehn Jahre Gefangenschaft. Eine Woge von Liebe und Treue schlägt ihnen entgegen. Erwin Hermann ist einer von ihnen. Seit elf Jahren in sowjetischer Kriegsgefangenschaft. Verurteilt zu dreiundzwanzig Jahren Zwangsarbeit am Ural. Er hat geschuftet, gehungert, gehofft. Oft genug voller Verzweiflung. Kaum geheiratet, gerät er in Kriegsgefangenschaft. Seine Frau eilt ihm entgegen. Herzliche Umarmung. Bei beiden ziehen sich nach 11 Jahren schon graue Strähnen durch das Haar.

Die Heimkehrer betreten nach Jahren der Entbehrung zum ersten Mal wieder deutschen Boden. Eine Woge von Liebe und Treue schlägt ihnen entgegen.

Auch Zivilgefangene sind frei. Eine 22-jährige Frau berichtet über den Grund ihrer Verschleppung: „Wir wohnten dicht an der Zonengrenze. Zehn Schritte vom westlichen Boden. Plötzlich standen im Oktober 1951 drei Vopos mit vorgehaltener Pistole vor mir. Ich wagte keinen Widerstand zu leisten. Sie brachten mich in das sowjetzonale Gebiet. Von einem russischen Kriegsgericht in Schwerin wurde ich wegen Spionage zu 25 Jahren

Zwangsarbeit verurteilt. Was man sich dort unter Spionage vorstellte, weiß ich bis heute nicht."

Es ist bestimmt kein Zufall, dass knapp ein Jahr zuvor der Vorsitzende der Deutschen Bischofskonferenz, der Kölner Kardinal Josef Frings, auf dem 76. Katholikentag am 4. September 1954 die Deutschlandweihe an das „Unbefleckte Herz Mariens" vollzogen hat.

„Gebetssturm" gegen eine Besatzungsmacht

Im Mai 1945 wird Österreich von den Siegermächten vierfach besetzt. Die Bevölkerung leidet besonders schwer unter der Last der russischen Okkupation. Das Land wird gnadenlos ausgepresst, getreu der Devise von Marschall Tolbuchin: „Wer Beute macht, nutzt die Beute auch." Österreich muss die vier Besatzungsarmeen von insgesamt 352 000 Mann unterhalten. Seine gesamte Großindustrie wird an die Sowjetunion übergeben. In Wien und in ganz Ost-Österreich räumen so genannte Beutekommissare der Roten Armee das Land leer. Alles, was aus Metall vorhanden ist, wird demontiert: Maschinen, Erdölpumpen, die Turbinen der Kraftwerke, 35 000 Telefonapparate samt Kabel der Fernsprechverbindung Wien-Berlin. 1000 Loks und 12 000 Waggons verschwinden für immer. Auf ihnen rollt das Beutegut nach Osten. 80 000 Frauen werden vergewaltigt. Ein Viertel von ihnen ist schwanger. Die Menschen hungern. Es ist die Zeit der Brennesselsuppen, des nächtlichen

Rübenklaus und des Rucksackverbots. Wer einen Rucksack trägt, wird automatisch als Schwarzhändler bestraft. Diese ganze Misere wird am besten aus der Weihnachtsansprache 1945 des Bundeskanzlers Leopold Figl deutlich: „Ich kann euch zu Weihnachten nichts geben. Ich kann euch für den Christbaum, wenn ihr überhaupt einen habt, keine Kerzen geben, kein Stück Brot, keine Kohle zum Heizen. Wir haben nichts. Ich kann euch nur bitten, glaubt an dieses Österreich."

Dieser April 1945 ist die unglaublichste Zeit in Figls Leben. Eben noch als „Verräter" in Mauthausen und im Wiener Landesgericht inhaftiert und von den Nazis zum Tod verurteilt, wird er, als die Rote Armee näher rückt, am 6. April aus der Todeszelle befreit. Im Dezember des gleichen Jahres ist er Bundeskanzler. „Dabei hatte er nicht einmal etwas Ordentliches anzuziehen", erinnert sich seine Tochter Anneliese. „Er besaß noch ein paar alte, abgetragene Anzüge, die ihm viel zu weit waren und an seinem ausgemergelten Körper schlotterten. So ist er in die Regierung gegangen."

1946 beginnen die Verhandlungen über den österreichischen Staatsvertrag. Optimisten meinen, er würde in einigen Monaten abgeschlossen sein.

Jedoch dauert es fast zehn Jahre, bis Österreich endgültig frei wird. Am 2. April 1953 wird Figl als Bundeskanzler von Julius Raab abgelöst und übernimmt den Außenministerposten.

„Mit dem Dank an den Allmächtigen wollen wir die Unterschrift setzen, und mit Freude rufen wir aus: Österreich ist frei!" Das sind die Worte Figls nach der Unterzeichnung des Staatsvertrags am 15. Mai 1955. Nach 354 erfolglosen Verhandlungen haben die Russen endlich zugestimmt. Für die Alliierten unterschreiben der sowjetische Außenminister Wjatscheslaw Molotow, der britische Außenminister Harold Macmillan, der US-amerikanische Außenminister John Foster Dulles, der französische Außenminister Antoine Pinay sowie die diplomatischen Geschäftsträger der vier Mächte. Dann begeben sich die Politiker auf den großen Balkon im Schloss Belvedere. Tausende von Menschen haben sich schon seit den Morgenstunden im Park versammelt. Als Figl den in Leder gebundenen Staatsvertrag hoch hält, brechen sie in stürmischen Jubel aus. So fröhlich und gut gelaunt er auf den Bildern des Staatsvertrags wirkt, so schwer ist der Tag für ihn persönlich. Ist doch seine geliebte Mutter erst vor vier Tagen gestorben.

*Auf dem großen Balkon im Schloss Belvedere hält
Außenminister Leopold Figl den in Leder gebundenen
Staatsvertrag hoch. Dann nimmt er die Hände der vier
Außenminister Dulles, Molotow, Macmillan und Pinay und
legte sie ineinander.*

Bundeskanzler Raab kramt später in seinem Büro einen Vormerkkalender von 1955 hervor. Er schlägt die Mitte des April auf. Dort sind die Tage, in denen die österreichische Delegation in Moskau geweilt hat, vermerkt mit dem Eintrag: „Heute ist Fatima-Tag, der 13. April. Die Russen sind hart geworden. Dabei Stoßgebet zur Muttergottes. Sie soll dem österreichischen Volk bittend beistehen." Raab bemerkt zu seinem Privatsekretär: „Siehst du, es war die Gottesmutter, die geholfen hat, dass wir den Staatsvertrag bekommen!"

Für die Spitzenpolitiker ist diese so entscheidende politische Entwicklung eine Antwort des Himmels auf das Rosenkranzgebet Hunderttausender; denn immer mehr, zuletzt sogar eine halbe Million, haben zuvor in Bittprozessionen für ihr Vaterland und um den Frieden gebetet und Maria, die erhabene Schutzfrau Österreichs angefleht.

Im Fall Österreichs kann man tatsächlich von einem Wunder sprechen. Hat doch nach zehnjähriger Sowjet-Besatzung dem nördlichen Teil Österreichs und Wien dasselbe Schicksal wie Berlin und Ostdeutschland gedroht. Am 26. Oktober 1955 verlässt der letzte russische Soldat Österreich. Es gibt sonst kein Land, von dem sich die Sowjetunion bis zur Wende 1989 zurückgezogen hat. Noch bei der 268. Verhandlungssitzung in Berlin hat der sowjetische Außenminister Molotow Bundeskanzler Figl ins Gesicht gesagt: „Herr Figl, machen Sie sich keine Hoffnungen." Trotz allen düsteren Prognosen ist der niederösterreichische Bauernsohn Leopold Figl bereit, im Dienste seines Landes in nächtelangen Sitzungen mit den Russen im Hotel „Imperial" Dutzende von Sowjetgenerälen nach zwei Flaschen Wodka unter den Tisch zu „trinken". „Es schien ihn überhaupt nicht zu stören. Er war höchstens noch munterer als sonst. Noch etwas freundlicher und noch etwas kampfeslustiger", erinnert sich Fritz Molden, damals mit 21 Jahren Sekretär des Außenministers.

Und jetzt ist ein vierfach besetztes Land frei. Mitten im Kalten Krieg. Die Russen räumen ein Gebiet in Mitteleuropa, das ihnen kaum noch jemand hätte streitig machen können. Österreich erhält seine volle Souveränität.

Bei der großen Dankesfeier des „Rosenkranz-Sühnekreuzzuges" am 10. September 1955 erklärt Außenminister Figl: „Wir alle, die wir heute hier versammelt sind und die wir uns mit Demut, aber auch mit Stolz als gläubige Katholiken bekennen, wissen um die Macht des Gebetes. Vor acht Jahren waren wir nur eine kleine Schar von kaum 10000 Menschen, die sich zusammengeschlossen hatten, um für die Freiheit und für den Frieden Österreichs täglich den Rosenkranz zu beten. 1955 waren es bereits 500000 Beter. Ich habe damals die Einladung gerne angenommen. Durch acht Jahre haben wir den schmerzhaften Rosenkranz gebetet und gefleht, der Himmel möge uns voll und ganz unsere Freiheit und Unabhängigkeit wiedergeben. Unser Gebet wurde erhört. Heute

können wir frohen Herzens den glorreichen Rosenkranz beten, dem Himmel Dank sagen, dass unser Flehen erhört wurde und dass wir wieder das sein können, was wir waren: Ein freies Volk."
Julius Raab, der zu diesem Zeitpunkt Bundeskanzler ist, fügt die bedeutenden Worte hinzu: „Wenn nicht soviel gebetet worden wäre, so viele Hände in Österreich sich zum Gebet gefaltet hätten, so hätten wir es wohl nicht geschafft."

Im Fall Österreichs kann man tatsächlich von einem Wunder sprechen. Nach zehnjähriger Sowjet-Besatzung verlässt am 26. Oktober 1955 der letzte russische Soldat Österreich. Ein sichtbares Zeichen dafür ist der herzliche Händedruck zwischen dem russischen Außenminister Wjatscheslaw M. Molotow und Leopold Figl.

Wie ist es zu diesem „Rosenkranz-Sühnekreuzzug" gekommen? Die Initialzündung beginnt mit Pater Petrus. Er wird am 6. Januar 1902 in Innsbruck als Otto Pavlicek geboren. Seine Mutter stirbt, als er zwei Jahre alt ist. Danach übersiedelt sein Vater mit den Söhnen nach Wien. 1921 tritt Otto aus der Kirche aus. Er studiert an der Malerakademie in Breslau. Danach lebt er als Künstler in Paris und London. 1932 heiratet er standesamtlich die Künstlerin Kathleen Nell Brockhouse. Die Ehe hält nur wenige Monate. Nach einer schweren Krankheit tritt Pavlicek am 15. Dezember 1935 wieder in die katholische Kirche ein. Er möchte Priester werden, wird aber in Innsbruck und Wien wegen seines Alters von 35 Jahren nicht in den Franziskanerorden aufgenommen. In Prag jedoch hat man diesbezüglich keine Bedenken. Otto erhält den Ordensnamen Petrus. Am 14. Dezember 1941 wird er zum Priester geweiht. Am 7. Oktober 1942 muss er als Sanitäter an die Westfront einrücken. Er ist tief erschüttert, als er einen unschuldig vom Kriegsgericht zum Tod Verurteilten 50-jährigen Familienvater auf die Exekution vorbereiten muss. Nach einem Jahr in US-Kriegsgefangenschaft kommt er nach Österreich zurück. Da er nicht mehr in sein Kloster in Prag zurückkehren kann, wird er in Wien als Volksmissionar eingesetzt. Am 2. Februar 1946 pilgert er als Dank für die glückliche Heimkehr vom Zweiten Weltkrieg nach Mariazell. Hier bittet er Maria um ihre Hilfe für seine von den vier Siegermächten besetzte Heimat. Plötzlich ist es ihm, als höre er eine innere Stimme als Antwort der Gottesmutter: „Tut, was ich euch sage, und es wird Friede sein." Pater Petrus Pavlicek gründet daraufhin im Februar 1947 eine Gebetsgemeinschaft basierend auf dem geistigen Hintergrund der Marienerscheinungen von Fatima. Bald tritt auch Leopold Figl bei.

Seit 1949 erscheint die Zeitschrift des Rosenkranz-Sühnekreuzzuges viermal jährlich unter dem Namen „Betendes Gottesvolk". Sie bemüht sich, auf Fragen des Glaubens und konkrete Lebensfragen überzeugende Antworten zu geben.

Pater Petrus war von einer Sache fest überzeugt: „Das Rosenkranzgebet ist eine Macht. Nur Gott kann uns den wahren Frieden schenken."

Ab 1950 organisierte P. Petrus die jährliche große „Maria-Namen-Feier" mit der Sühneprozession über die Wiener Ringstraße. Ausgerüstet mit einer Fatima-Statue ist er im ganzen Land unterwegs, um die Menschen für das Rosenkranzgebet um die Befreiung Österreichs von der russischen Besatzungsmacht zu gewinnen. Pater Petrus predigt unermüdlich: „Das Rosenkranzgebet ist eine Macht. Nur Gott kann uns den wahren Frieden schenken." Vor allem in den Tagen vor den Nationalratswahlen von 1949 organisiert er „Sturmgebete" und Lichterprozessionen. Besteht doch die Befürchtung, die Kommunisten könnten bei den Wahlen siegen. Doch sie erhalten eine klare Absage. Noch mehrere Male kommt es zu bedrohlichen Situationen für Österreich. Etwa beim Putschversuch im Oktober 1950, als kommunistische Rollkommandos einen Generalstreik erzwingen und das unter russischer Kontrolle stehende Radio Wien gegen die Regierung aufgehetzt wird. Die Freiheit der Österreicher in der sowjetischen Besatzungszone hängt an einem seidenen Faden. Die österreichische Bischofskonferenz erkennt den Rosenkranz-Sühnekreuzzug 1949 offiziell an. Ab 1953 nimmt Bundeskanzler Julius Raab regelmäßig an der Lichterprozession am Gedenktag „Mariä Namen" teil. Je frustrierender die Verhandlungen laufen, umso mehr setzen die Gläubigen auf das Gebet. Daher ist es nicht verwunderlich, wenn Raab nach dem Staatsvertrag ausruft: „Vor allem möchte ich meinen Dank dem Herrgott sagen, dass wir diese Stunde für Österreich erleben durften."

Leopold Figl und Julius Raab bei der Lichterprozession des Rosenkranz-Sühnekreuzzugs.

Als Pater Petrus am 14. Dezember 1982 stirbt, ziert seinen Sarg ein einziger Kranz mit der Aufschrift: „Österreich dankt Pater Petrus". Am 14. Dezember 2001 ist der Diözesanprozess für seine Seligsprechung durch Kardinal Christoph Schönborn abgeschlossen und wird nun in Rom weitergeführt.

Vielen scheint jetzt das Ziel erreicht. Ist der Rosenkranz-Sühnekreuzzug nun überflüssig? Auch Pater Petrus hat sich darüber Gedanken gemacht, wie es weitergehen soll. Da gibt ihm der Fatimabischof eine wichtige Entscheidungshilfe: „Pater Petrus, was Sie für Österreich getan haben, das tun Sie nun für die Welt."

Die verfolgte Kirche und der Weltfrieden sind nach wie vor bedroht. 1976 erhält Pater Petrus einen Assistenten, Pater Benno Mikocki, der nach dem Tod des Gründers Geistlicher Leiter des Rosenkranz-Sühnekreuzzugs wird. Mit Oktober 2014 legt Pater Benno Mikocki auf Wunsch seiner Oberen und wegen seines vorgerückten Alters die Hauptverantwortung für das Werk zurück. Der Erzbischof von Wien, Kardinal Christoph Schönborn, und der Erzbischof von Salzburg, Franz Lackner, übernehmen die Patronanz. Diese wird nun von einem Vorstand geleitet, dem auch Pater Benno angehört. Frau Traude Gallhofer als Vorsitzende hat sich einen Kernsatz von Pater Petrus zu Eigen gemacht: „Geeintes Gebet ist eine Macht, die Gottes Barmherzigkeit auf diese Welt herabzieht."

In der Zeitschrift „Betendes Gottesvolk" schreibt
Gallhofer: „Vor kurzem bekam ich einen Text des
heiligen Pfarrers von Ars zu lesen: ‚Das Privatge-
bet gleicht Strohhalmen, die da und dort auf ein
Feld hingestreut sind. Wenn man sie anzündet, ist
das Feuer wenig ausgiebig. Sammelt man jedoch
dieses verstreute Stroh, ist die Flamme mächtig
und erhebt sich hoch zum Himmel hinauf. So ist
es mit dem Gemeinschaftsgebet.' Wenn nun tatsächlich alle Christen weltweit gemeinsam beten
würden, was könnte doch durch dieses gemeinsame
Gebet bewirkt werden! Wir dürfen die Christen im
Nahen Osten, besonders in Syrien, dem Irak und
anderen Ländern nicht allein lassen. Sie werden
verfolgt, leiden unter großen Entbehrungen und
auch darunter, dass wir sie vergessen. Darum die
große Bitte: Rufen wir gemeinsam unseren Herrn
für den Frieden in diesen Krisengebieten an: ‚Herr
Jesus Christus, du willst, dass die Menschen miteinander in Frieden leben. Wir bitten dich besonders
für den Nahen Osten mit Syrien und dem Irak.
Zeige den Politikern, wie sie zum Frieden beitragen
und neue Kriege verhindern können. Lass nicht
zu, dass wir in Hass und Feindschaft leben. Hilf
uns vielmehr, Frieden zu stiften, wo Zwietracht

herrscht. Der du Frieden gestiftet hast am Kreuz durch dein Blut. Amen.'"

Im Februar 2015 ruft der ukrainische Bischof Antal Maynek die Bevölkerung seines Landes zum Gebet für Frieden und Truppenabzug auf und erinnert dabei an das Beispiel des Wiener Franziskaners Pater Petrus Pavlicek: „Die Ukraine, ja sogar Europa, kann vor einem verheerenden Krieg nur durch eine wachsende Zahl von reinen und friedvollen Herzen gerettet werden."

Die Frau aller Völker

Am 25. März 1945 erscheint die Gottesmutter in Amsterdam Ida Peerdeman. Es ist die erste von 56 Erscheinungen zwischen 1945 und 1959. Wer ist diese Seherin? Am 13. August 1905 wird Ida Peerdeman als jüngstes von fünf Kindern in Alkmaar in Holland geboren. Bei der Taufe in der Pfarrkirche St. Joseph erhält das Mädchen den Namen Isje Johanna. Doch wird sie immer nur Ida gerufen. Kurz vor dem Ersten Weltkrieg übersiedelt die Familie nach Amsterdam. Ida ist erst acht Jahre alt, als ihre Mutter mit 35 Jahren nach der Entbindung des letzten Kindes zusammen mit dem Neugeborenen stirbt. Die älteste Schwester Gesina muss nach diesem schweren Leid, das alle tief getroffen hat, den Wunsch aufgeben, Krankenschwester zu werden.

Mit ihren 16 Jahren bemüht sie sich, den drei Schwestern und ihrem Bruder Piet eine gute Mutter zu sein und die Familie zusammenzuhalten. Der Vater ist als Textilkaufmann viel auf Geschäftsreisen quer durch die Niederlande.

Umso mehr schätzen alle das gemeinsame Leben zu Hause. Ida liebt vor allem das Zusammensein mit ihrem Bruder Piet. Er versteht sie, redet mit ihr und tröstet sie, wenn sie traurig ist. Sonntags besuchen alle als katholische Familie den Gottesdienst. Vor dem Essen wird gebetet. Das ist aber schon alles.

Als Kind beichtet Ida jedes Wochenende in der Kirche der Dominikaner bei Pater Frehe, der später ihr Seelenführer wird. Das geht einige Jahre so dahin bis zum 25. März 1945. An diesem denkwürdigen Samstagnachmittag des Rosenkranzmonates hat die damals 40-Jährige, eine einfache Büroangestellte, die erste Vision der Gottesmutter. Später stellt sich Maria als die Frau aller Völker vor. Ida werden weltgeschichtliche Ereignisse gezeigt, die ihr Begriffsvermögen oft übersteigen: der Kalte Krieg, die Mondlandung, die Gründung des Staates Israel, chemische Kriegsführung, der Niedergang des Kommunismus, Wirtschaftskrieg, Boykott und Währungskrisen. Die Mutter Jesu warnt vor großem Unheil, das der Welt und der Kirche bevorsteht, wenn keine Umkehr erfolgt. Nachdem Papst Pius XII. am 1. November 1950 das Dogma der Aufnahme Mariens in den Himmel verkündigt hat, tritt die zweite Phase der Erscheinungen ein. Am 11. Februar 1951, dem Gedenktag der ersten Erscheinung von Lourdes, schenkt die Frau aller Völker der Menschheit ein schlichtes und ergreifendes Gebet: „Herr Jesus Christus, Sohn des Vaters, sende jetzt deinen Geist über die Erde. Lass den heiligen Geist wohnen in den Herzen aller Völker, damit sie bewahrt bleiben mögen vor Verfall, Unheil und Krieg. Möge die Frau aller Völker, die selige Jungfrau Maria, unsere Fürsprecherin sein. Amen."

Am 25. März 1945 stellt sich die Gottesmutter der damals 40-jährigen Ida Peerdeman als die Frau aller Völker vor.

Die Muttergottes spricht vom letzten marianischen Dogma: Maria als Miterlöserin, Mittlerin und Fürsprecherin. Nach dessen Verkündigung werde die Welt den wahren Frieden erfahren. Sie wünscht die Verbreitung ihres Bildes und ihres Gebetes auf der ganzen Welt. Sie verspricht dafür Gnaden für Seele und Leib.

Was ist der Inhalt der Botschaften der „Frau aller Völker"? Hier ein Auszug davon:

In Bezug auf das Kreuz

Ida sieht ein großes, helles Licht. „Sehr langsam kommt die Frau daraus hervor. Sie blickt mich lächelnd an. Nun zeigt sie auf den Gürtel, den sie um ihre Mitte geschlungen hat. Die Frau macht das Tuch von ihrer Mitte los. Es ist ein sehr langes Tuch. Mit der linken Hand hält sie ein Ende fest und mit der rechten schlägt sie es zweimal um ihre Mitte bis auf die linke Seite." Nun beginnt die Frau zu sprechen: „Dies ist das Lendentuch des Sohnes. Ich stehe als die Frau vor dem Kreuz des Sohnes. Der Sohn kam in diese Welt als der Erlöser der Menschen. Das Erlösungswerk war das Kreuz mit all seinen seelischen und körperlichen Leiden."

Dann sieht Ida die Frau sich zusammenkrümmen. Ein unbeschreibliches Leid steht auf ihrem Gesicht. Tränen laufen über ihre Wangen. Dann sagt sie: „Nun will der Vater und der Sohn die Frau in die Welt senden. Darum stehe ich auf der Erdkugel. Das Kreuz ist dort fest verankert. Es soll jetzt in die Welt gebracht werden. Weil die Welt das Kreuz wieder braucht. Ihr Christen, mit dem Kreuz in der Hand werdet ihr das Reich Gottes besitzen. Mit dem Kreuz in der Hand werdet ihr eurem Nächsten begegnen. Mit dem Kreuz in der Hand werdet ihr euren Feind besiegen. So werden sich die Christen eins fühlen mit der Kirche und dem Kreuz. Stellt euch alle unter das Kreuz, und die Feinde werden euch nicht überwältigen!"

In Bezug auf das Gebet

„Dieses Gebet ist klein und einfach, sodass es jeder in dieser modernen, schnelllebigen Welt beten kann. Es ist dafür gegeben, um den wahren Geist über die Welt herabzuflehen. Die Frau aller Völker verspricht, dass jene, die bitten, erhört werden. So, wie der Vater, der Sohn und der Heilige Geist es will. Dieses Gebet ist gegeben für die Erlösung der Welt. Betet dieses Gebet bei allem, was ihr tut! In den Kirchen und durch moderne Mittel soll es verbreitet werden. Dann komm ich zurück in die Länder, die mich verworfen haben, als die Frau aller Völker. Sie darf und wird allen Völkern dieser Welt, die sie darum bitten, Gnade, Erlösung und Friede schenken."

Nun zeigt die Frau auf die Erdkugel. Ida sieht, wie diese sich unter ihren Füßen dreht. Überall fallen Schneeflocken in dichten Massen nieder. Dann sagt die Frau: „So wird die Frau aller Völker über die Welt gebracht werden. Von Stadt zu Stadt. Von Land zu Land. Das einfache Gebet wird eine einzige Gemeinschaft bewirken." Ida sieht die Weltkugel mit einer dicken Schneeschicht bedeckt. Dann ist es, als würde die Sonne darauf scheinen. Der Schnee beginnt zu schmelzen und verschwindet langsam im Boden. Die Frau weist zuerst auf ihr eigenes Herz und danach auf die Herzen all dieser Menschen: „So wie der Schnee sich auflöst in der Erde, so wird die Frucht, der Geist in die Herzen aller Menschen kommen, die dieses Gebet jeden Tag beten. Das Gebet wird bis an das Ende bestehen bleiben."

In Bezug auf das Bild

Die Haare der Frau sind dicht und gewellt. Sie fallen bis über ihre Schultern herab. Sie schlägt das Kopftuch nach hinten zurück, um ihr Gesicht zu zeigen. Dann spricht sie zu Ida: „Siehe, was in der Höhe meiner Schultern zu beiden Seiten und über meinen Kopf hinausragt."

Mit Verwunderung bemerkt die Seherin, dass es ein Kreuz ist.

„Ich stehe auf der Erdkugel, weil es die ganze Welt betrifft. Ich stehe als die Frau vor dem Kreuz. Ich stehe vor meinem Sohn als die Fürsprecherin und Überbringerin dieser Botschaft für die moderne Welt."

Jetzt sieht Ida, wie sich von der einen Seite des Querbalkens zur anderen ein Halbkreis bildet. Darin erkennt sie die Worte: Frau aller Völker. Die Frau zeigt auf die Erdkugel: „Kind, du hast gedacht, rund um diese Weltkugel Wolken zu sehen. Doch jetzt sieh gut hin!"

Nun sieht Ida, wie sich die Wolken in lebendige Schafe verwandeln. Von links und rechts, rund um die Erdkugel kommt eine Herde Schafe. Einige grasen. Es sind auch solche dabei, die liegend mit erhobenem Kopf zur Frau aufblicken. Dann sagt die Frau zu Ida: „Diese Schafherde bedeutet die Völker der ganzen Welt. Sie werden nicht eher Ruhe finden, bis sie zum Kreuz aufblicken, dem Mittelpunkt dieser Welt."

Ida sieht die Schafe rund um die Erdkugel durcheinander laufen. Viele flüchten. Es ist, als würde sich die Herde zerstreuen. Die Frau sagt: „Die Kirche, die Schafe sind zerstreut. Noch andere werden die Flucht ergreifen. Die Frau aller Völker jedoch wird sie in eine einzige Herde zurückbringen." Die Frau versucht mit ihren Händen die ganze Herde wieder zusammenzubringen. Mit leiser, wehmütiger Stimme sagt sie nochmals: „In eine Herde." Dann gibt sie Ida den Auftrag: „Du sollst dieses Bild malen lassen und zusammen mit dem Gebet, das ich dir vorgesprochen habe, verbreiten. Ich möchte, dass die Verbreitung in vielen Sprachen geschieht. Der Geist soll über die Welt kommen. Dieses Bild ist die Deutung und die bildliche Darstellung des neuen Dogmas. Darum habe ich es selbst den Völkern gegeben."

Maria wünscht die Verbreitung ihres Bildes und des Gebetes auf der ganzen Welt. Dafür verspricht sie Gnaden für Seele und Leib.

In Bezug auf das neue Dogma

Ida sieht die Frau aus dem hellen Licht hervortreten. „Ich will die Frau aller Völker sein. Nicht eines besonderen Volkes, sondern aller." Dabei breitet die Frau die Arme aus. Ida sieht sehr viele Menschenrassen, von denen sie nicht einmal wusste, dass es sie gibt. Die Frau fährt fort: „Jetzt stehe ich opfernd vor dem Kreuz. Ich habe mit meinem Sohn seelisch und vor allem auch körperlich gelitten. Als die Mutter des Menschensohnes. Durch den Willen des Vaters kam der Erlöser in die Welt. Der Vater bediente sich dabei der Frau. Der Erlöser bekam von der Frau allein. Die Frau, die Magd des Herrn, wurde auserwählt und überschattet vom Heiligen Geist. Als der Heilige Geist über die Apostel kam, wollte der Herr, dass die Mutter gegenwärtig sei. Beim Heimgang unseres Herrn Jesus Christus gab er Maria als die Frau aller Völker an alle Völker, indem er sprach: ‚Frau, siehe, deinen Sohn! Sohn, siehe, deine Mutter!' Dadurch bekam sie diesen neuen Titel. Alle anderen Dogmen umfassen das Leben und den Heimgang der Frau. Wir haben keine Zeit, um lange zu warten. Diese Zeit ist unsere Zeit. Der Vater, der Sohn und der Heilige

Geist will die Frau, die auserkoren war, den Erlöser zu bringen, als Miterlöserin und Fürsprecherin in diese Welt. Die Welt wird nicht mit Gewalt gerettet. Die Welt wird durch den Geist gerettet."

In Bezug auf Verfall, Unheil und Krieg

Ida spürt, wie etwas entsetzlich Ekelhaftes die Frau umgibt. Sie sagt: „Die Kräfte der Hölle werden losbrechen." Dann hört die Seherin ein Getöse und furchtbaren Lärm. Die Frau fährt fort: „Katastrophen werden kommen. Die Großen werden nicht einig sein. Darum sendet jetzt der Vater und der Sohn die Frau zurück in die Welt. Weil die Welt dem Verfall entgegen geht." Maria aber lächelt: „Sie werden jedoch die Frau aller Völker nicht überwältigen." Während sie diese Worte sagt, kommt von allen Seiten ein gewaltig helles Licht um sie. „Noch ist Satan nicht vertrieben. Die Frau aller Völker wird, wie es vorhergesagt ist, ihn aber überwinden. Sie wird ihre Füße auf seinen Kopf setzen. Ihr werdet noch viel durchmachen. Ruft die Frau aller Völker als Fürsprecherin an! Bittet sie, alle Katastrophen abzuwenden! Bittet sie, den

Verfall aus dieser Welt zu verbannen! Aus dem Verfall entstehen Unheil und Kriege. Unruhe stiftende Erfindungen werden kommen, sodass selbst eure Hirten fassungslos sind und sagen: ‚Wir kennen uns nicht mehr aus.' Ich will ihnen helfen. Ich darf ihnen helfen. Darum sage ich euch: Das erste und größte Gebot ist die Liebe. Wer Liebe besitzt, wird seinen Herrn und Meister in seiner Schöpfung ehren. Wer Liebe besitzt, wird anderen Menschen gegenüber all das tun, was er sich selbst gerne wünscht, dass es ihm getan werde. Die Liebe ist das erste und größte Gebot, das Christus gegeben hat. Wisst wohl, der Heilige Geist ist näher als je zuvor. Der Heilige Geist kommt aber erst dann, wenn ihr darum betet."

In Bezug auf den Papst

„Bitte den Heiligen Vater, dass er dieses Dogma, das die Frau verlangt, verkünde! Wenn das geschehen ist, wird die Frau aller Völker ihren Segen geben. Sage ihm: ‚Apostel des Herrn Jesus Christus, lehre deine Völker dieses einfache, aber so tiefsinnige Gebet! Es ist Maria, die Frau aller Völker, die dich darum bittet. Du bist der Hirt der Kirche unseres Herrn Jesus Christus. Wisse wohl: Große Gefahren hängen über der Kirche und über der Welt. Jetzt ist der Zeitpunkt gekommen, da du über Maria sprechen sollst: als Miterlöserin, Mittlerin und Fürsprecherin unter dem Titel ‚Die Frau aller Völker'. Warum wünscht Maria das von dir? Weil sie von ihrem Herrn und Schöpfer gesandt ist, um unter diesem Titel und durch dieses Gebet die Welt von einer großen Weltkatastrophe zu befreien. Durch dieses Gebet wird die Frau die Welt retten.'"

In Bezug auf die Völker der Welt

„Völker, kniet nieder vor eurem Herrn und Schöpfer! Seid dankbar! Die Wissenschaft dieser Welt hat die Menschen gelehrt die Dankbarkeit zu vergessen. Sie kennen ihren Schöpfer nicht mehr. Völker, seid gewarnt!"

Die Frau sagt das zu Ida mit einer sehr großen Ehrfurcht und Ehrerbietung. Sie fällt auf ihre Knie und beugt ihr Haupt so tief, dass es beinahe den Boden berührt. „Bittet um Gottes Barmherzigkeit! Der Vater, der Sohn und der Heilige Geist sei mit euch alle Tage eures Lebens. Der Vater und der Sohn bringe euch die Frau aller Völker. Es werden Unruhe stiftende Erfindungen gemacht. Gott lässt das zu. Aber ihr Völker, ihr könnt dafür sorgen, dass dies nicht zum Unheil führt. Ihr Völker, ich flehe euch an! Niemals hat die Mutter Gottes euch angefleht! Denkt an die Zukunft! Alle Völker in einer einzigen Gemeinschaft. So werden die Worte ‚von nun an preisen mich selig alle Völker' in Erfüllung gehen. Ich werde Trost spenden. Völker, eure Mutter kennt das Leben. Eure Mutter kennt den Kummer. Eure Mutter kennt das Kreuz. Alles, was ihr in diesem Leben durchmacht, ist ein Weg, wie ihn eure Mutter, die Frau aller Völker, euch vorausgegangen ist. Aber sie ging hinauf zum Vater. Sie ging zurück zu ihrem Sohn. Völker, auch ihr geht durch euren Kreuzweg hinauf zum Vater. Auch ihr geht durch euren Kreuzweg hinauf zum Sohn. Der Heilige Geist wird euch dabei helfen. Bittet ihn in dieser Zeit. Durch den Herrn zur Frau. Durch die Frau aller Völker zum Herrn aller Völker."

Da Maria in den Botschaften mehr als 150 Mal ihren neuen Titel erwähnt, muss das von überragender Bedeutung sein. Gleichzeitig bittet die Gottesmutter um ein Dogma entsprechend ihren

Worten, dass es das „letzte und größte marianische Dogma" sein wird. An den Heiligen Vater gewandt wünscht sie: „Sorge für das letzte Dogma als die Krönung der Mutter des Herrn Jesus Christus, der Miterlöserin, Mittlerin und Fürsprecherin!"

Mariologen und Heilige haben bis in unsere Gegenwart diesen Titel Miterlöserin sehr geliebt und verwendet: Vinzenz Pallotti, Anna Katharina Emmerich, Maximilian Kolbe, Edith Stein, P. Pio, Mutter Teresa.

Kardinal Bernardino Echeverría Ruiz, Erzbischof von Guayaquil (Quito), schreibt am Rosenkranzfest, dem 7. Oktober 1996, an Papst Johannes Paul II. einen Brief, indem er mit 39 Kardinalsbrüdern, 366 Erzbischöfen und Bischöfen und vier Millionen Laien darum bittet, die Möglichkeit in Erwägung zu ziehen, die erhabene Sendung Mariens als Miterlöserin, Mittlerin aller Gnade und Fürsprecherin für das Gottesvolk feierlich zu verkünden. In der Tat gebrauchte Johannes Paul II. diesen Titel mehrmals. Bei der Generalaudienz am 8. September 1982 sagte er: „Maria, die ohne jeden Makel der Sünde empfangen und geboren wurde, hat in wunderbarer Weise an den Leiden ihres göttlichen Sohnes teilgenommen, um so Miterlöserin der ganzen Menschheit zu sein."

Schon der Völkerapostel Paulus betont: „Jetzt freue ich mich in den Leiden, die ich für euch ertrage. Für den Leib Christi, die Kirche, ergänze ich in meinem irdischen Leben das, was an den Leiden Christi noch fehlt" (Kol 1,24).

Es geht nicht darum, dass die Erlösung durch Christus mangelhaft wäre. An vielen Stellen seiner Briefe betont Paulus die einzigartige und alleinige Erlöserschaft Jesu Christi: „Denn aus Gnade seid ihr durch den Glauben gerettet, nicht aus eigener Kraft – Gott hat es geschenkt" (Eph 2,8). Mit dem Hinweis auf sein eigenes Leiden macht er aber gleichzeitig darauf aufmerksam, dass Gott unser schwaches Tun in seinen Heilsplan einfügt. Er beteiligt den Menschen um seiner Würde wegen. Wir sind nicht mehr nur Knechte, sondern Freunde Gottes. Deshalb lässt er uns an seiner Freude und an seinem Leiden teilhaben. Weil wir mit Christus in einem Leib zusammengefügt sind. Wenn ein Glied leidet, leiden die anderen mit. So dürfen auch wir einen Teil der Erlösung mittragen. In diesem Sinne ist die Miterlöserschaft Mariens zu verstehen. Damit wird Maria Jesus nicht gleichgestellt.

Vielmehr bedeutet Miterlöserin, dass sie als Immaculata und die Neue Eva, vollkommen vereint mit ihrem göttlichen Sohn in einzigartiger Weise für unsere Erlösung gelitten hat. Natürlich in völliger Abhängigkeit von Jesus und ganz aus ihm lebend. Sohn und Mutter sind ein Herz, eine Liebe, ein Leiden für ein gemeinsames Ziel: die Erlösung der Welt. So erklärte es Maria der heiligen Birgitta von Schweden: „Adam und Eva verkauften die Welt um einen Apfel. Mein Sohn und ich erkauften die Welt mit einem Herzen."

Inzwischen ist das Gebet, das Maria der Welt übergeben hat, in über 70 Sprachen übersetzt. Millionen Gebetsbildchen gelangten in zahlreiche Länder aller Kontinente. Im Laufe der Jahre trafen im Heiligtum in Amsterdam Berichte über Bekehrungen, Krankenheilungen und andere Wunder ein. Sie geschahen, weil Menschen durch das Gebetsbild Maria als ihre persönliche Mutter kennen lernen durften.

Nachdem am 11. September 2001 die Zwillingstürme durch einen völlig unerwarteten Terrorangriff in sich zusammenstürzten und der Irakkrieg begann, verteilten viele Militärkapläne innerhalb kürzester Zeit 50000 Gebetsbilder an

US-Soldaten aller Streitkräfte. Alle beteuerten einstimmig: „Ja, genau das brauchen wir! Damit wir bewahrt bleiben mögen vor Verfall, Unheil und Krieg!" So wurde das Gebet von Amsterdam in den USA bald weithin als „das Friedensgebet der Mutter" bekannt. In drei Monaten wurde eine viertel Million allein in den USA verteilt. In EWTN, dem weltweit größten katholischen Fernsehsender, blendete man damals stündlich das Amsterdamer Gebet ein.

Am 31. Mai 1996 erlaubte der Bischof von Haarlem/Amsterdam, S. E. Henrik Bomers, offiziell die Verehrung Mariens unter dem Titel „Frau aller Völker". Diesen Lichtblick durfte noch Ida Peerdeman nach mehr als 50 Jahren stillen Wartens, Betens und Opferns glücklich miterleben. Kurz darauf starb sie als 90-Jährige am 17. Juni 1996. Am 31. Mai 2002 nahm der neue Diözesanbischof von Amsterdam, Msgr. Jozef M. Punt, im Hinblick auf die Authentizität der Erscheinungen Mariens als Frau aller Völker erneut schriftlich Stellung: „In Anbetracht aller Gutachten, Zeugnisse und Entwicklungen und nachdem ich alles im Gebet und in theologischer Reflexion erwogen habe, führt mich dies zur Feststellung, dass in den Erscheinungen von Amsterdam ein übernatürlicher Ursprung vorliegt."

Bischof Dr. Jozef Marianus Punt von der Diözese Haarlem-Amsterdam (Mitte) vor dem Gnadenbild.

Bischöfe verschiedener Kontinente pilgerten nach Amsterdam. Bei einem Gebetstag der Frau aller Völker sagte Joachim Kardinal Meisner:

„Unvergesslich bleibt mir ein Erlebnis auf einer meiner Japanreisen vor einigen Jahren. Damals habe ich die Bischöfe gefragt: ‚Wie viel Prozent katholische Christen gibt es denn in ihrem Bistum im Vergleich zur Gesamtbevölkerung?' Überall hörte ich die Antwort: ‚Schon 0,4 Prozent!' Wenn ein japanischer Bischof heute durch die Bistümer Deutschlands reisen und dort die Bischöfe fragen würde: ‚Wie viele Katholiken gibt es im Hinblick auf die Gesamtbevölkerung?' Ich bin überzeugt, er würde die Antwort hören: ‚Noch 50 Prozent etwa im Erzbistum Köln, oder noch 4 Prozent im Bistum Magdeburg. Auf die Prozentzahl kommt es eigentlich gar nicht so sehr an. Am Kreuz konnte Jesus sagen: ‚Es sind unter dem Kreuz schon drei': Maria, Johannes und Maria Magdalena. Und weil Maria unter den dreien dabei war, wurden aus den dreien bald 500 vor Pfingsten im Abendmahlsaal zu Jerusalem. Und weil dort Maria dabei war, wie es ausdrücklich in der Apostelgeschichte heißt, kamen am Pfingstfest zu den 500 im Abendmahlsaal noch 3 000 hinzu. Weil Maria in der Kirche immer dabei blieb, wurden wir aus den Wenigen bis heute 1,3 Milliarden katholischer Christen. Sorgen wir dafür, dass Maria immer dabei bleibt in unserem Leben, in der Familie, in den Gemeinden, in den Gemeinschaften. Dann haben wir eine große Zukunft! Maria bewegt uns von der Resignation in die Hoffnung, von der Angst in die Freude, vom Verlust in den Gewinn. Maria ist nicht nur eine Einladung zum Übergang, vom Minus zum Plus.

Sie ist geradezu die Pforte, die Tür dazu! Gott selbst hat diese Tür vom Himmel zur Erde, von seinem Herzen zu den Menschen aufgemacht, indem er Maria ohne Makel der Sünde ins Dasein rief. Maria kann deshalb den Menschen Christus entgegentragen. Heute wie damals. Maria ist nicht unsere Lehrerin. ‚Nur einer ist euer Lehrer: Christus!', sagt das Evangelium. Maria aber ist unsere Mitschülerin, und zwar die erste. Und sie ist die erfahrenste. Das macht sie so sympathisch. Sie ist ganz in die Pläne und Absichten Gottes mit den Menschen eingeweiht. Sie weiß, wie Christus zu uns kommt und wie wir zu Christus kommen. Wir sind alle eingeladen, Mitschülerinnen und Mitschüler mit ihr zu sein und zusammen mit ihr nach den Weisungen des Herrn umzusteigen vom ‚noch' ins ‚schon'! Mit Maria unterwegs sein ist der Lebensstil eines Christen. Im Auf und Nieder theologischer Meinungen brauchen wir einen Orientierungspunkt, der über allen Zeiten steht, der also immer gilt. Und das ist Maria! In allen Skandalen, Irritationen und Unterstellungen brauchen wir einen Kompass, der uns unabhängig von den verschiedenen Tagesmeinungen und Vermutungen den Weg zeigt: Das ist Maria! Maria ist nicht das Ziel des Weges, aber sie ist das große Zeichen über dem Weg, das uns die Richtung angibt. Ihre Orientierungsfunktion definiert der Engel, indem er sagt: ‚Sei gegrüßt, Maria, du bist voll der Gnade, der Herr ist mit dir!' Das große Herzeleid Gottes mit uns besteht darin, dass er seine kostbaren Gaben uns vor die Tür trägt. Aber wir lassen sie vor der Tür unseres Lebens liegen. Weil bei uns und in uns schon alles besetzt ist. Gott wartet gleichsam an der Bushaltestelle unseres Lebens. Der Bus aber fährt vorüber, weil er voll und ganz besetzt ist. Das ist die Tragik Gottes mit uns. Wir fahren an unserem wartenden Gott vorbei. Wir sind besetzt von unseren Interessen, von unseren Ideen und von unseren Plänen. Deshalb heißt das Gebot der Stunde: Raum schaffen für die Fülle Gottes, Zeit haben für den ewigen Gott. Ihm den ersten Platz, die Priorität einräumen. Wie Maria! Maria ist die ‚First Lady' im Reich Gottes. Weil Christus bei ihr immer primär und nie sekundär war. Sie war und ist ganz verfügbar für die Pläne Gottes. Darin ist sie uns Orientierungspunkt schlechthin. Im Magnifikat belehrt uns Maria, dass Gott nicht auf die Berge schaut, sondern in die Täler blickt. ‚Auf die Niedrigkeit seiner Magd hat er geschaut.'

Je tiefer im Tal, desto deutlicher stehen wir vor den Augen Gottes neben Maria."

Auf Anfrage von Bischof Bomers kamen am 22. Juli 1996 die ersten vier Schwestern der Gemeinschaft „Familie Mariens" nach Amsterdam. Heute wirken dort im Heiligtum vier Priester, sieben Schwestern und eine gottgeweihte Laienmitarbeiterin. Am 31. Mai 1997 organisierte die Gemeinschaft einen Gebetstag zu Ehren der Frau aller Völker im Amsterdamer RAI-Zentrum: 80 Priester und 5 000 Pilger aus 49 Ländern scharten sich um die Mutter aller Völker. Auf diesen Ersten Internationalen Gebetstag folgten sechs weitere mit Tausenden von Pilgern verschiedener Hautfarbe, Sprachen und Konfessionen aus aller Welt. Alfons M. Kardinal Stickler aus Rom und Ignace Kardinal Moussa Daoud, der damalige Präfekt für die Orientalischen Kirchen, und andere zahlreiche Bischöfe verschiedener Riten verliehen diesem Tag einen ökumenisch-weltkirchlichen Charakter. Seit 2001 finden nationale oder regionale Gebetstage zu Ehren der Mutter aller Völker in Diözesen und Pfarreien weltweit statt. Auch dafür setzt sich die „Familie Mariens" ein.

Die Schwestern der Gemeinschaft „Familie Mariens" bilden eine ständige Präsenz vor dem Bild der „Frau aller Völker" in Amsterdam.

Seit ihrem Kommen nach Amsterdam betet die Gemeinschaft regelmäßig zusammen mit den Mutter-Teresa-Schwestern in einer Anbetungskapelle im Rotlichtviertel. Hatte doch Mutter Teresa einmal zu Bischof Bomers gesagt: „Amsterdam ist die schlechteste Stadt, die ich kenne. Hier muss angebetet werden!" Täglich wird in der Gnadenkapelle das Allerheiligste zur Anbetung ausgesetzt. Da Amsterdam ein Schmelztiegel von 180 Nationen verschiedenster Kulturen geworden ist, sind bei einer Werktagsmesse oft bis zu 15 verschiedene Nationen vertreten. Aus Südamerika, den USA oder den Philippinen finden immer wieder Pilger den Weg zur kleinen Gnadenkapelle. Die Schwestern erzählen über die Botschaften, beten mit ihnen und umrahmen die heilige Messe musikalisch.

Aus Chile schrieb Marcela: „Als ich begann, das Gebet der Frau aller Völker zu beten, fing es am folgenden Tag bei uns in Antofagasta, dem wohl unfruchtbarsten und trockensten Ort der Welt, zu regnen an."

In der Stadt Denpassar auf der Insel Bali/Indonesien stehen fünf Gotteshäuser direkt nebeneinander: eine Moschee, eine katholische und eine protestantische Kirche sowie ein Hindu- und ein Buddha-Tempel. Die katholische Kirche ist der Frau aller Völker geweiht. Weil sie so beliebt ist, konnte sie bei den Sonntagsmessen die bis zu 2000 Gläubigen nicht mehr fassen. Im Jahr 2007 wurde das Gotteshaus unter der Leitung von Herrn Djaya vergrößert. Dieser Protestant wollte der Frau aller Völker damit seine Dankbarkeit ausdrücken. Als nämlich sein Sohn mit Herz-, Lungen- und Nierenproblemen im Sterben lag und Herr Djaya seine katholische Frau Lina oft den Rosenkranz beten sah, wollte er wissen, was sie da tue. „Ich bitte die Gottesmutter, dass sie unseren Sohn heilt!", war ihre Antwort. Von diesem Moment an folgte Herr Djaya dem Beispiel seiner Frau und begleitete sie oft zum Gebet in die Kirche zum Bild der Frau aller Völker. Zum Erstaunen der Ärzte genas ihr Sohn wie durch ein Wunder. Daraufhin nahm Herr Djaya den katholischen Glauben und den Namen des heiligen Franz von Assisi an.

Die Botschaften der Frau aller Völker in Amsterdam sind ernst, eindringlich und deutlich. Sie wollen nicht Angst machen, sondern vor Gefahren warnen, damit diese gebannt und vermieden werden können. Dabei bietet Maria ihre mütterliche Hilfe allen Völkern an und gibt ihnen das Gebet zum Heiligen Geist als Waffe. Wer unter dem Kreuz des Sohnes stehen bleibt, wird nicht in den Strudel der Ideologien und falschen Propheten gerissen. Gott allein bleibt derselbe. Maria verabschiedet sich mit den Worten: „Seid nicht betrübt! Ich lasse euch nicht als Waisen zurück. Er, der Tröster und Helfer, wird kommen."

Milliarden von Menschen wissen nichts von Jesus, ihrem Erlöser, und von der Macht des Kreuzes. Ein großer Teil der Menschheit weiß nicht, dass Maria ihre ganz persönliche Mutter ist. Rund um den Globus berichten die Medien von lebensbedrohenden Gefahren, die täglich beängstigend zunehmen. Maria gibt uns, wie damals in Fatima, einen unfehlbaren Rettungsplan. In ihrer Strategie, „der großen Weltaktion", wie sie sagt, sollen alle Völker involviert werden. Wir Christen, die wir das wissen, haben eine große Verantwortung. Die Völker sollen später nicht sagen: „Ihr habt gewusst, wie man diese große Weltkatastrophe verhindern hätte können? Und ihr habt es uns nicht gesagt!"

Ein Schwert verwandelt sich in den Rosenkranz

In Nigeria sind 2,6 Millionen Menschen auf der Flucht. Die Terror-Organisation Boko Haram hat dort Zehntausende Christen vertrieben. Einem Bericht der UNICEF zufolge könnten 49 000 Kinder verhungern, wenn ihnen nicht geholfen wird. Rund vier Millionen Menschen leiden an Mangelernährung. Frauen und Mädchen werden entführt, vergewaltigt und zwangsverheiratet.

Junge Männer wurden gewaltsam den Truppen von Boko Haram einverleibt.

Auch die Christen in der katholischen Diözese Maiduguri im Norden des Landes leiden furchtbar unter der Hand dieser islamischen Sekte. Die Folge sind gewaltige Zerstörungen. Mehr als 70000 Katholiken wurden innerhalb eines Jahres vertrieben. Auch wenn der Großteil der Gläubigen wieder zurückkehren konnte, nahmen immer noch über 20000 Menschen Zuflucht in einigen anderen Teilen Nigerias oder in Kamerun. 30 Priester wurden gezwungen, ihre Pfarreien zu verlassen. 40 Ordensschwestern hat man aus ihren Klöstern verjagt. 200 Katecheten mussten zusammen mit anderen Christen fliehen. Von den 270 verschleppten Mädchen der Chibock-Schule konnten nur 56 entkommen. Das Schicksal der restlichen liegt im Dunkeln. Junge Männer wurden gewaltsam den Truppen von Boko Haram einverleibt. Viele verschleppte Frauen und Mädchen werden zu Selbstmord-Bombenanschlägen gezwungen. 500 Katholiken haben allein um ihres Glaubens willen das Martyrium erlitten. Bischof Oliver Dashe Doeme trägt mit den Mitarbeitern seiner Diözese Sorge für 5000 Witwen. Ihre Männer wurden von Boko Haram getötet. Zusätzlich kümmert er sich um 15000 Waisenkinder. Ihre Eltern sind ebenfalls dem

Boko Haram zum Opfer gefallen. Die militanten Islamisten haben 200 Kirchen niedergebrannt. 20 Pfarrkirchen und ebenso viele Pfarrhäuser wurden ein Fraß des Feuers. 20 Schulen und das Kleine Seminar sind zerstört. Eine ähnliche traurige Bilanz zeigt sich bei zahlreichen Einfamilienhäusern, Geschäften, persönlichem Besitz, Tieren und Essensvorräten. All das wurde zerstört oder von den Boko-Haram-Leuten gestohlen.

Bei der Verteilung der Hilfsgüter von KIRCHE IN NOT unterscheidet Bischof Oliver Dashe Doeme nicht zwischen Christen und Muslimen; denn was für ihn zählt, ist die gemeinsame Menschlichkeit.

Ende 2014 betete der Bischof in seiner Kapelle vor dem Allerheiligsten den Rosenkranz. Plötzlich erschien ihm Jesus und bot ihm ein Schwert an. Bischof Oliver griff danach. Sobald er es in der Hand hielt, wurde daraus ein Rosenkranz. Dann sagte Jesus dreimal: „Boko Haram ist verschwunden."

„Mir war klar, dass wir mit dem Rosenkranz Boko Haram vertreiben können", berichtet der Bischof später. „Ich wollte zunächst nicht darüber sprechen. Doch ich spürte, wie mich der Heilige Geist dazu drängte. Trotz all dieser dramatischen und schrecklichen Ereignisse wächst der Glaube in unseren Leuten mehr und mehr. Sie sind sehr mutig und stark inmitten aller Verwüstung. Sie scheuen sich nicht, ihren Glauben öffentlich zu zeigen. Woher nehmen sie den Mut für ihr Handeln? Maria, unsere Mutter, ist der Grund dafür. In den letzten vier Jahren erneuerte ich mit meinem Bistum alljährlich die feierliche Weihe an das Unbefleckte Herz Mariens. Ich schrieb einen Hirtenbrief über die Wichtigkeit der Rosenkranz-Prozession. Seitdem führten wir diese überall in den Pfarreien, den Außenstationen und bei den Familien ein. Viele Rosenkränze werden eifrig unter die Gläubigen verteilt. Wir sind vollkommen davon überzeugt, dass wirklich unsere Mutter – Mama Maria – die Lösung für die Krise ist. Sie hat uns bewiesen, dass sie den Krieg an unserer statt weiterführt. Das ist eine vielfach dokumentierte und erwiesene Tatsache: Boko Haram machte sechs Angriffsversuche, um in unsere Stadt Maiduguri einzudringen. Doch vergeblich. Jeder Versuch schlug fehl. Wir haben viele Christen in Maiduguri. Wir sind fest davon überzeugt, dass es Maria war, die die Terroristen blockierte. Zudem wurde kein einziger Priester und keine einzige Ordensfrau mehr angefasst. Maria hat ihre Söhne und Töchter vor den Gewalttätern beschützt.

Ende 2014 waren mehr als drei Viertel unserer Diözese in der Gewalt von Boko Haram. Aber dank unserer vielfältigen und innigen Marienverehrung war es der Gottesmutter möglich, sich unserer Sicherheitskräfte zu bedienen, um Boko Haram in die Wälder zurückzudrängen. Mittlerweile konnten die meisten unserer Pfarrkinder heimkehren. Mehrere von Boko Haram verschleppte oder eingekesselte Personen konnten durch das Rosenkranzgebet fliehen oder aus der Hand der Sekte befreit werden.

Da war ein junger Mann mit anderen in die Wälder entführt worden. Die ganze Zeit über betete er den Rosenkranz und sang ein bekanntes Kirchenlied. Am vierten Tag brachten ihn die Sektenmitglieder zur Hauptstraße und ließen ihn frei.

Eine Mutter von drei Kindern wurde zusammen mit einigen muslimischen Frauen in den Wald verschleppt. Als einzige Christin betete sie still den Rosenkranz. Nach einer Woche brachten die Terroristen sie als Einzige in ihr Dorf zurück und setzten sie dort auf freien Fuß.

Eine Großmutter fiel in die Hände von Boko Haram. Nachdem die anderen Dorfbewohner geflohen waren, hatte man sie allein zurückgelassen. In ihrer Not betete sie ununterbrochen den Rosenkranz. Als die Sekte sie aufspürte, forderten die Männer sie auf, Muslimin zu werden. Doch sie weigerte sich. Da begannen einige sie zu schlagen. Schließlich ließen sie die alte Frau halbtot liegen. Als sie später das Bewusstsein wiedererlangte, humpelte sie mit ihrem Stock zum Anführer von Boko Haram. Sie zeigte ihm ihre Wunden. Sie erklärte ihm auch, dass seine Leute sie zwingen wollten, den islamischen Glauben anzunehmen. Das aber würde sie niemals tun. Dem Anführer war die Oma sympathisch. Er wies seine Leute aufgebracht zurecht und versetzte sie in ein anderes Gebiet. Dann befahl er, der Großmutter zu essen zu geben. So wurde sie monatelang versorgt, bis die Regierungstruppen das Gebiet zurückeroberten.

Eine Familie war bei der Einnahme der Stadt Mubi durch die Islamisten gänzlich von der Außenwelt abgeschlossen. Die Boko-Haram-Truppen hatten ihre Fahrzeuge direkt vor dem Haus der Familie geparkt. Sie ahnten nicht, dass sich dort noch ein Mann mit seiner Frau und den Kindern befand. Gemeinsam betete die Familie den Rosenkranz am Morgen, am Nachmittag und am Abend. Niemand konnte das Haus verlassen. Man hätte sie ja sofort entdeckt und gefasst. Die Essensvorräte und auch die Wasserreserven gingen auf wunderbare Weise nicht zu Ende. Monatelang lebte die Familie unter diesen Bedingungen. Bis Soldaten kamen und auch diese Gegend zurückeroberten. Maria hatte ihre Kinder beschützt und vor der Sekte abgeschirmt. Auch mir persönlich hat die Gottesmutter trotz meiner Sündhaftigkeit und Unwürdigkeit so viel Gutes getan", berichtet Bischof Oliver Dashe Doeme weiter. „Es gibt nichts, um was ich sie zur Ehre ihres Sohnes bitten darf. Deshalb gebe ich mein Bestes, um sie immer tiefer zu verehren und zu lieben. Ich ermutige alle um mich herum, dasselbe zu tun. Jeden Tag weihe ich mich dem Unbefleckten Herzen Mariens. Zudem bete ich täglich, wenn es möglich ist, alle vier Rosenkränze. Um noch einmal auf die

Vision zurückzukommen: Dabei ging es nicht um mich. Diese Vision betraf Jesus, seine Mutter und die Gläubigen. Die Botschaft war klar: Wenn wir den Rosenkranz innig beten, wird Jesus durch die Fürbitte Mariens das Böse in der Welt besiegen. Boko Haram ist dämonisch. Doch vor dem Rosenkranzgebet wird die Terrorgruppe kapitulieren."

Boko Haram, der sich zum Islamischen Staat bekennt, ist tatsächlich Beobachtern zufolge im Niedergang begriffen. Der Nachrichtensender CNN meldete über einen Machtkampf und eine Spaltung unter den radikalen Muslimen. Die nigerianischen Streitkräfte gaben bekannt, dass die Gruppe stark geschwächt worden sei und dass die ersten Zivilisten langsam in ihre Heimat zurückkehrten. In einer Radiomeldung hieß es, das nigerianische Militär habe ein großes Boko-Haram-Lager gestürmt und dabei mehrere Hundert Mädchen und Frauen befreit. Vier Tage später wurde ein weiteres Lager erobert und wieder einige Hundert Mädchen und Frauen befreit. Die Wirkung des Schwertes Gottes in Gestalt des Rosenkranzes zeigt bereits sichtbare Erfolge.

Der Sieg am Ende der Zeiten
hat schon begonnen

Der Apostel Johannes sieht im Exil bei der Zwangsarbeit in den Steinbrüchen auf der Insel Patmos Visionen, in denen der Himmel offen steht. Mit dieser Schau sollen die geängstigten und unsicheren Gemeinden unter der Verfolgung gestärkt werden. Denn eine weltliche Großmacht bedroht die Christen in Kleinasien am Ende des ersten Jahrhunderts. Dieses Reich hat zwar in großen Teilen der alten Welt Frieden, die so genannte pax romana, gebracht, aber Rom verlangt von seinen Bürgern, den Kaiser als Heilbringer und Gott anzubeten. Wer sich weigert, muss mit Verfolgung und Tod rechnen. In dieser Situation spricht Johannes den Seinen Ermutigung und Trost zu. Er öffnet gleichsam ein Zeitfenster für zukünftige Ereignisse. Sie sollen die Gegenwart der Weltgeschichte im Licht der Wirklichkeit Gottes verstehen. Der Seher sieht ein großes Zeichen am Himmel: Eine Frau, hell wie die Sonne, steht auf dem Mond und trägt eine Krone von 12 Sternen. Sie ist hochschwanger und schreit in Schmerzen und der Qual des Gebärens. Dann ein weiteres Zeichen: Ein feuerroter, riesiger Drache mit 7 Köpfen und 10 Hörnern. Auf jedem Kopf trägt er ein Diadem. Mit seinem mächtigen Schwanz fegt er ein Drittel der Sterne vom Himmel auf die Erde. Es tost und braust. Ein unglaublicher Lärm entsteht durch die herabstürzenden Sterne. Der Drache tritt vor die Frau, die in Wehen liegt. Sie ist schutzlos und allein. Voller Gier lauert der Drache darauf, das Neugeborene zu fressen. Im Angesicht des zähnefletschenden Ungeheuers gebiert die Frau ein männliches Kind, einen Sohn. Er ist gekommen, um die Völker zu weiden. Doch der Drache kann nicht zuschnappen. Das Kind wird von unsichtbarer Hand zu Gott entrückt (vgl. Offb 12,1-6).

Wir dürfen davon ausgehen, dass der Schreiber der Apokalypse bei seiner Enthüllung von Maria, der Mutter Jesu, spricht: „Und sie gebar ein Kind, einen Sohn, der über alle Völker mit eisernem Zepter herrschen wird. Und ihr Kind wurde zu Gott und zu seinem Thron entrückt."

Die Bedeutung der Mutter Jesu reicht hier weit über das Mädchen von Nazareth hinaus. Sie ist nicht nur die junge Mirjam als individuelle Person, sondern die Mutter des Messias. In ihrer heilsgeschichtlichen Rolle übernimmt sie die Verkörperung des ganzen Gottesvolkes. In der Bildersprache der Apokalypse trägt sie eine Krone aus zwölf Sternen. Wie eine Königin das ganze Volk auf eine überindividuelle Weise verkörpert, so steht Maria für das neue Volk, das Gott erlöst und bewahrt.

In den Versen 13-18 nimmt das Drama seinen weiteren Verlauf. Der Drache verfolgt die fliehende Frau voll schäumender Wut. Aber sie bekommt wie ein Adler zwei große Flügel. Sie fliegt an einen Ort, den Gott selbst für sie bereitet hat. Dort wird sie ernährt für lange Zeit. Der Drache jedoch gibt nicht auf. Er bleibt der Frau auf den Fersen. Er öffnet seinen gewaltigen Rachen und stößt einen riesigen Strom Wasser aus. Damit will er die Frau ersäufen. Die Erde selbst kommt der Frau zu Hilfe. Sie öffnet sich und verschlingt den Strom. Aussichtslos ist der Kampf des Drachen. Zornig sucht er sich neue Opfer. Er richtet seine Wut auf die Gefährten der Frau. Frauen und Männer, die Gottes Gebote halten und Jesus, ihren Herrn, im Herzen tragen.

Bei dieser Schilderung könnten einem Assoziationen an die „Schöne und das Biest" einfallen.

Ist die leuchtende, sternenumkränzte Frau Maria, die den Retter der Menschheit zur Welt bringt, nicht die „Schöne"? Von glänzender, leuchtender Schönheit? Sonne, Mond und Sterne umgeben sie. Die Himmelskörper bringen sie zum Leuchten und Strahlen. Selbst im schmerzverzerrten, verschwitzten Gesicht der Geburtswehen geht ihre Schönheit nicht verloren. Schön ist sie auch, weil sie Hoffnung und Leben der Menschheit schenkt. Schön ist sie, weil sie sich nicht mit Gewalt zur Wehr setzt. Schön ist sie in ihrer Schwachheit und Kraft zugleich. Schön in ihrem Gottvertrauen und der Verletzlichkeit.

Im Himmel ist der Kampf entschieden, wie es in den Versen 7-9 deutlich wird. Der Kampf zwischen dem Engel Michael – wer ist wie Gott? – und dem Drachen. Im Himmel hat das abgrundtiefe Böse, das „Biest" nichts mehr zu suchen. In seiner Vision schaut Johannes hinter die Wirklichkeit, die mit unseren Sinnesorganen nicht mehr fassbar ist. Sie kann nur mit dem inneren Auge geschaut und wahrgenommen werden. Sie entzieht sich allem Messbaren so wie das Herunterspielen von Noten und das Herunterlesen von Texten noch lange keine Musik ergibt.

Gott hat den Sieg errungen. In seiner neuen Schöpfung, so heißt es wenige Kapitel später, wird der Tod nicht mehr sein, noch Schmerz, noch Geschrei. Worte, die trösten, Kraft schenken, weiter zu gehen.

Ja, im Himmel ist der Sieg errungen. Und auf Erden? Da tobt der Kampf weiter. Das „Biest" unserer Zeit hat viele Gesichter: Angst, Terror, Gewalt, Hass, Krieg, Katastrophen, Zerstörung. Die alles Leben fressen möchten. Die Schönheit, Hoffnung und Freude zu ertränken drohen. Auch in Europa, wo die christlichen Kirchen noch Ansehen genießen, gibt es Drachenköpfe, die den Menschen ihren heißen Atem ins Gesicht blasen. Die Bedrohung ist nicht so sehr physisch. Nicht, weil der Kirche das Geld ausgehen könnte. Nicht, weil der Staat sie verfolgt, wie es zur Zeit des Johannes der Fall war. Die Bedrohung äußert sich nicht in Hunger, sondern in Sattheit. Nicht in Not und Tod, sondern im Vergessen, wie unendlich zerbrechlich menschliches Leben ist. Nicht in Vertreibung, sondern in träger Sesshaftigkeit, in Gleichgültigkeit und Selbstzufriedenheit.

In Wahrheit jedoch ist der Drache gar nicht so groß, stark und mächtig, wie er tut. Sein heißer

Atem kommt von daher, weil er große Angst hat, seine Macht zu verlieren. Er kämpft mit siebzig Hörnern gegen ein einziges Kind. Eine ganze Armee gegen die Botschaft von Gottes umfassender Liebe. Gott rettet das Kind vor dem Zugriff des Drachen. Gott rettet die Botschaft des Evangeliums durch alle Bedrohungen zu allen Zeiten. Das ist es, was Johannes seinen bedrängten Mitchristen damals sagt: Gott rettet die Zukunft der Welt. Das sagt uns Johannes auch heute: Gott weiß um eure Nöte. Gott sieht, dass ihr bedrängt seid. Er wird nicht zulassen, dass das ewig dauert. Seine Herrschaft ist unangefochten. Der Drache kann eure Zukunft nicht fressen.

Die Bilder der Offenbarung des Sehers von Patmos zeigen uns auch heute die wahren Machtverhältnisse, welches Spiel wirklich gespielt wird. Seine Botschaft lautet mitten in der Verfolgung: Gott steht ganz auf der Seite der Frau und damit ganz auf eurer Seite. Der Drache kann ihr und damit auch euch nichts anhaben. Der Sieg ist im Grunde schon errungen. Sie bleibt die Siegerin in allen Schlachten Gottes. Das ist die große Verheißung. In jeder Verfolgung haben die Christen neu nach diesem Buch gegriffen und im Laufe

der Geschichte die Wahrheit dieser Verheißung
erfahren. Auch heute. So wie Maria die Augen
der ISIS-Terroristen geblendet hat: In der Nacht
des 20. Oktober 2016 wurde die Stadt Kirkuk im
Irak vom so genannten „Islamischen Staat" ange-
griffen. Angesichts des starken Widerstands der
Sicherheitstruppen flüchteten sich die Terroristen
in die umliegenden Häuser. Darunter befanden
sich der Konvent der Dominikanerinnen sowie
vier Studentenwohnheime. In einem der Häuser
bereiteten sich sieben junge Frauen darauf vor,
an den Studienkursen der Universität von Kirkuk
teilzunehmen. Am Morgen des 21. Oktober 2016
bemerkten die Studentinnen, dass Männer an den
Häusern hochkletterten. Andere stellten sich in
den Gärten auf und fingen an, zum muslimischen
Gebet aufzurufen. Einer von ihnen war mit einem
Sprengstoffgürtel bewaffnet. Die Mädchen blieben
den ganzen Tag über angsterfüllt in ihrem Zimmer.
Inzwischen war auch der Strom ausgefallen. Am
Abend begann der Sturmangriff durch irakische
Spezialeinheiten. Das Trommelfeuer war in allen
Richtungen derart heftig, dass die Studentinnen
nicht fliehen konnten. Vier Terroristen befanden
sich bereits im selben Haus. Als die Mädchen die

Kämpfer in ihr Zimmer kommen hörten, huschten sie schnell unter vier Betten. Dort blieben sie acht Stunden lang unentdeckt, während die Männer des „Islamischen Staats" den Raum als Versteck nutzten. Zum Glück konnte Pater Roni Momika, der im Flüchtlingslager von Ankawa, Erbil im Nordirak, tätig ist, mit zwei der Studentinnen durch sein Handy Kontakt aufnehmen, während sie weiterhin unter den Betten versteckt blieben. Unterdessen aßen und tranken die Terroristen, redeten aufgeregt miteinander und versorgten zwei ihrer verwundeten Kameraden auf den Betten. Darunter lagen immer noch die jungen Frauen. Die ISIS merkte keine Spur davon. Nach einigen Überlegungen ging Pater Roni das Risiko ein und bat die Mädchen, barfuß an die Mauer an der Rückseite des Hauses hinauszukommen. Von dort wollte man sie nacheinander rausholen. Das musste allerdings innerhalb einer Minute passieren. Und so geschah es auch. „Die Jungfrau Maria war mit ihnen", gestand später Pater Roni der Nachrichtenagentur CNA am 23. Oktober. „Sie muss die Terroristen geblendet haben."

So sah das Studentenwohnheim der chaldäischen Kirche im nord-irakischen Kirkuk nach dem Angriff der Terroristen aus.

Nach der Befreiung der Stadt Karakosch im Norden des Iraks schreibt Basile Georges Casmoussa, der syrisch-katholische Kurienerzbischof Emeritus von Mossul: „Freunde von Karakosch und alle Christen in der Mossul-Ninive Region! Endlich ist Karakosch befreit! Ein Schrei der Freude, des Friedens und der Hoffnung erklingt auf der Welt! Wir danken der mutigen Armee, muslimischen, christlichen, arabischen, kurdischen, schiitischen, sunnitischen Männern für die Befreiung. Am 22. Oktober 2016 sind die Kämpfer mit ihrer irakischen Flagge in die verlassene Stadt ihrer Kinder zurückgekehrt. Wir sehen einen tapferen Soldaten, der nach langer Zeit endlich seinen Fuß auf heimatlichen Boden setzen kann. Wir sehen einen anderen Soldaten, der seine Waffe auf seiner Schulter trägt, das Eingangstor der Kirche küsst, die er als Kind besucht hat. Wir sehen eine Offiziersgruppe, die vor dem Altar der Kirche steht und das Ave Maria „Shlama ellakh Maryam" in ihrer aramäischen Muttersprache, noch aus frühchristlicher Zeit, spricht. Wir sehen einen jungen Priester, der die Glocken der Kirche von Bartella, einer anderen Stadt in der Ninive-Ebene, erklingen lässt. Diese Bilder sollen uns für immer in Erinnerung bleiben. Meine Botschaft ist eine Botschaft der Dankbarkeit. Auch an die Kurden, die uns während dieser schwierigen Zeit Zuflucht gewährt haben. Auch an all diejenigen, die uns auf anderem Weg geholfen haben. Danke für die Befreiung von Mossul, Bartella, Mar Behnam, Karamless, Telkeif, Batnaya, Bashiqa, Telleskof, Bakofa. Danke für die Befreiung der Ninive-Ebene.

Meine Botschaft ist eine Botschaft der Dankbarkeit an all unsere Freunde. An unbekannte Männer und Frauen auf der ganzen Welt, die uns durch ihre Solidarität seit dem Beginn des Krieges bis heute unterstützt haben. Dazu gehören die humanitäre Hilfe, der Bau von Schulen, Kirchen, Häusern und Krankenhäusern und der Besuch von Persönlichkeiten verschiedener NGOs aus Europa, Amerika und Australien. Das Kapitel des Wiederaufbaus, des Zusammenlebens in Harmonie und Solidarität hat begonnen: zwischen Christen und Muslimen, Kurden, Arabern, Shabaks, Jesiden, Kakais und Mandais. Mit Respekt, Vielfältigkeit und geltenden Rechten. Alle von ihnen haben die gleiche Wertigkeit, die gleichen Rechte und die gleichen Pflichten! Dem Himmel sei gedankt für die Fürsprache Mariens!"

Christen feiern die Befreiung der Stadt Karakosch.

Ein weiteres Zeichen dafür, dass der Sieg am Ende der Zeit jetzt schon angebrochen ist, mag die Tatsache sein, dass ein Präsident sein Land dem Herzen Mariens weiht. Am Freitag, 21. Oktober 2016 vollzog während des nationalen Gebetsfrühstücks in Lima der Landesvater von Peru, Pedro Pablo Kuczynski, folgenden Staatsakt: „Ich, Pedro Pablo Kuczynski, Präsident der Republik Peru, mit der mir verliehenen Autorität übergebe ich durch einen Akt der Weihe mich selbst, meine Gedanken und Entscheidungen, meine Frau, meine Familie und die Republik Peru der Liebe, dem Schutz des Allmächtigen Gottes und dem Heiligen Herzen Jesu durch die Fürsprache des Unbefleckten Herzen Mariens."

Auf die Frage, warum er sich zu diesem Weiheakt entschlossen habe, antwortete der Präsident: „Weil ich in die liebevollen Hände Mariens meine Regierung mit all ihren Arbeitern und Bürgern legen wollte. Der Allmächtige Gott möge meine Gedanken und Entscheidungen für das Wohl unseres Landes leiten, auf dass ich die Kraft finde, unsere Nation nach den 10 Geboten Gottes zu regieren. Ich bitte Gott und seinen Sohn Jesus Christus, dass sie auf die Fürsprache des Unbefleckten Herzen

Mariens meinen Akt der Weihe annehmen und unser Land unter ihren besonderen Schutz stellen. Durch dieses Gebet möchte ich gleichzeitig Gott um Vergebung bitten für alle Übertretungen, die ich und unser Volk in der Vergangenheit gegen seine Gebote begangen haben. Ich bitte um seine Hilfe, alles zu ändern, was uns von ihm trennt."

An der Veranstaltung nahmen wichtige Geschäftsleute und politische Führer des Landes teil. Darunter der Präsident des Kongresses, Luz Salgado. Auch er sprach ein Gebet, in dem er Gott um Hilfe und Schutz bat. Von den insgesamt 21 Gebetsfrühstücken, die im Laufe der Jahre in Peru stattfanden, war das erste Mal ein Präsident anwesend. Das Thema für dieses Jahr hieß „Die Barmherzigkeit der Liebe Gottes" in Übereinstimmung mit dem Jahr der Barmherzigkeit, das von Papst Franziskus ausgerufen worden war.

Der Veranstalter Aldo Bertello Costa sagte, dass die Absicht des Frühstücks darin bestehe, für die Verantwortlichen zu beten und „allen Peruanern eine Botschaft von Optimismus und Versöhnung zu bringen: Alle eins für unser geliebtes Land." Pedro Pablo Kuczynski folgte damit den Spuren des ekuadorianischen Staatoberhaupts Gabriel Garcia

Moreno, der 1874 sein Land dem heiligen Herzen Jesu geweiht hatte.

Kuczynski hatte bereits am 2. Oktober an der heiligen Messe zu Ehren Christi, des Schutzpatrons von Peru, teilgenommen. Es war das erste Mal seit 32 Jahren, dass ein peruanisches Oberhaupt bei einer solchen Liturgie anwesend war.

Auch am 18. Oktober war er bei einer Prozession zu Ehren des „Herrn der Wunder" in den Straßen der Stadt Lima mit dabei. Der Staatschef, seine Frau Nancy, Ricardo Luna, Minister für Auswärtige Angelegenheiten, Cayetana Aljovin, Minister für Soziale Entwicklung und Integration, Alfonso Grados, Minister für Arbeit und Beschäftigung und Premierminister Fernando Zavala huldigten Christus mit Kränzen und Kerzen. Gekleidet in lila Roben verehrten Tausende von Gläubigen die in Peru am meisten verehrte Christus-Ikone in der Hoffnung, dass der Herr sie schützen und ihnen Kraft geben möge für den täglichen Lebenskampf. Die Ikone ist die Kopie der Kreuzigungsdarstellung eines schwarzen Christus, die ein Sklave aus der Kolonialzeit des 17. Jahrhunderts an den Wänden einer Hütte in der Plantage von Pachacamilla bei Lima gemalt hatte.

Das peruanische Oberhaupt Pedro Pablo Kuczynski trägt bei einer Prozession zu Ehren des „Herrn der Wunder" die am meisten verehrte Christus-Ikone durch die Straßen der Stadt Lima.

Dass eine Million Kinder den Rosenkranz für den Frieden in der Welt beten, kann bestimmt nicht unerhört bleiben. Und das begann so: Im Jahr 2005 sahen einige Frauen an einem Marienbild in Caracas, der Hauptstadt Venezuelas, Kinder den Rosenkranz beten. Dabei erlebten sie einen tiefen, inneren Frieden. Überzeugt von der Macht des Kindergebets gründeten sie die Initiative „Eine Million Kinder beten den Rosenkranz". Eine Aktion, die die Gefahr eines weltweiten kriegerischen Konfliktes abwenden kann. Der weltbekannte stigmatisierte Heilige, Pater Pio von Pietrelcina, sprach einmal das prophetische Wort: „Wenn eine Million Kinder den Rosenkranz beten, wird die Welt sich verändern." Vielleicht spürte Pater Pio intuitiv, dass die Kinder wie kleine Davids mit den Steinen ihrer Gebete viele Goliaths zu Boden werfen können. Riesen wie den Hunger, die Unterdrückung, den Krieg, die die Welt geißeln. Inzwischen beten in mehr als 90 Ländern Kinder immer am 18. Oktober in Schulen, Pfarreien, Kindergärten, Krankenhäusern, Waisenheimen oder daheim eine halbe Stunde lang den Rosenkranz. Sie bitten dabei Maria um ihre Fürsprache für die Einheit in den Familien, den inneren Frieden für jeden einzelnen Menschen, Frieden in der Gesellschaft, in jedem Land und in der ganzen Welt. Hier dazu ein Beispiel: Es ist 9.00 Uhr morgens. Die Kinder in der Klasse unterbrechen den Schulunterricht. Sie holen ihre Rosenkränze hervor. Die Lehrerin beginnt vorzubeten.

Die Kinder in der Klasse unterbrechen den Schulunterricht. Sie holen ihre Rosenkränze hervor. Die Lehrerin beginnt vorzubeten.

Die Schüler beten mit. Diese erstaunliche Szene spielt sich an anderen unzähligen Orten dieser Welt ab. Zur gleichen Zeit unterbrechen auch Kindergartenkinder ihr Spiel.

Diejenigen, die noch zu klein für das Rosenkranzgebet sind, malen stattdessen Bilder, bringen der Muttergottes Blumen oder singen ein Lied. Auch die Kinder anderer Religionen sind eingeladen, mit ihren eigenen Bitten und ihrem Lobpreis in demselben Anliegen zu beten. Im Geist und dem Herzen der Kinder gibt es noch keine Unterschiede oder Zwistigkeiten der Abstammung, der Rasse und der Religion.

Diejenigen, die noch zu klein für das Rosenkranzgebet sind, malen stattdessen Bilder, bringen der Muttergottes Blumen oder singen ein Lied.

Kinder beten für Kinder um den Frieden in Syrien. Diese weitere Gebetsinitiative hat Papst Franziskus ins Leben gerufen. Wo immer Kinder für dieses Anliegen beten, wissen sie: Andere Kinder in Syrien und auf der ganzen Welt tun gerade in diesem Moment dasselbe. Sie rufen Gott an und bitten um das Ende des Krieges. Schließlich sind Kinder die größten Opfer der gewaltsamen

Auseinandersetzungen und der Flüchtlingskrise. Der Heilige Vater versuchte, dies italienischen und Migrantenkindern zu erklären, als sie mit einem „Zug der Kinder" aus Süditalien in den Vatikan angereist waren. Dabei hielt Franziskus eine orangefarbene Rettungsweste in der Hand. Ein im Meer ertrunkenes, sechsjähriges Mädchen aus Syrien hatte sie getragen. Die Weste war dem Papst von einem Helfer bei einer Generalaudienz unter Tränen überreicht worden: „Heiliger Vater, ich habe versagt. Da war dieses Mädchen in den Wellen. Aber ich konnte es nicht retten. Alles, was geblieben ist, ist seine Rettungsweste." – „Wie war sein Name?", fragte der Papst. „Ich weiß es nicht. Ein kleines Mädchen ohne Namen." – „Jeder von euch soll ihr den Namen geben, den er will!", rief Franziskus den 500 Kindern zu. „Sie ist im Himmel und wacht über uns!"

Der Papst hält eine orangefarbene Rettungsweste eines im Meer ertrunkenen, sechsjährigen Mädchens aus Syrien in der Hand.

Die syrischen Kinder haben die Initiative des Papstes aufgenommen und laden die Kinder aus aller Welt dazu ein, sich ihrem Gebet für den Frieden anzuschließen. Viele reagierten ähnlich wie die sechsjährige Greta aus Rom: „Ich werde für die Kinder und die Menschen in Syrien beten. Weil dort Krieg ist, können die Kinder nicht zur Schule gehen und können nichts lernen. Wenn aber Frieden ist, dann brauchen sie keine Angst mehr haben." Damit hat die kleine Greta die Sache auf den Punkt gebracht: Viele Kinder sind hochtraumatisiert, weil sie Gewalttaten mitansehen mussten. Zum Teil haben sie am eigenen Leib körperliche oder auch sexuelle Gewalt erlebt. Da sind dringend Therapie und seelsorgerische Begleitung nötig. Außerdem dürfen die Kinder den Anschluss an die anderen Kinder nicht verlieren und müssen Schulunterricht bekommen. Das ist oft sehr schwer, da die Helfer in den Flüchtlingsheimen nicht immer die Sprache ihrer Schützlinge sprechen. Von daher versteht sich noch besser die Botschaft der katholischen und orthodoxen Patriarchen in Syrien vom 1. Juni 2016 am Welttag der Kinder: „Die Kinder in unserer Heimat Syrien sind die kleinen Brüder und Schwestern des leidenden Jesuskindes. Seit mehr als fünf Jahren werden sie durch einen grausamen Krieg verletzt, traumatisiert oder getötet. Viele haben ihre Eltern und alles, was ihnen lieb war, verloren. Unzählige sind während des Krieges geboren und haben niemals den Frieden erlebt. Ihre Tränen und ihr Leid schreien zum Himmel. Ihn, Christus, den König des Universums, der als zartes Kind auf den Armen seiner Mutter die Welt in seiner Hand hält, bitten wir darum, die Kinder Syriens zu segnen. Ihn, der allein den Frieden bringen kann, flehen wir an: ‚Schütze und rette die Kinder dieses Landes! Erhöre unsere Gebete jetzt! Zögere nicht länger, unserem Land den Frieden zu schenken! Schau auf die Tränen der Kinder, trockne die Tränen der Mütter, lass das Wehgeschrei endlich versiegen.'"

Kinder in Aleppo beten für den Frieden.

Die Bischöfe sind davon überzeugt, dass das Gebet der Kinder in seiner Einfalt, Güte und Reinheit eine Botschaft ist, die das Herz Gottes auf die Fürsprache Mariens, der Mutter aller Völker, direkt für einen Wandel in der Welt erreicht. Deshalb braucht die Menschheit mehr als je zuvor die Kraft des kindlichen Gebets eines jeden Menschen.

Bildnachweis

- Zu Der neugeborene Egoismus ruft eine Schlangenzertreterin auf den Plan
  - Caravaggio: Serpent Madonna mit ihrer Mutter Anna
- Zu Im Untergrund ein Zeichen der Hoffnung für die Urchristen
  - Maria-Ikone_ Priscilla-Katakombe
  - Rylands-Papyrus 470
- Zu In Ephesus wird ein Schatz für die ganze Menschheit entdeckt
  - Ikone "Life giving spring" von Larissa
- Zu Eine Rose, die nie verwelkt
  - Getty Images
  - Gregor Hohenberg
- Zu Ein Bild löst die grösste Massenkonversion der Geschichte aus
  - Louisa Fleckenstein
  - Archiv Fleckenstein
- Zu Eine Waffe mit 59 Kugeln und einem Kreuz entscheidet die Seeschlacht von Lepanto
  - Article-BattleOfLepanto-DonJuanhttpswww.americaneedsfatima.org
  - Seeschlacht von Lepanto in der Seeger Pfarrkirche Sankt Ulrich

- Zu Eine Kampfparole befreit Wien von der Türkenbelagerung
  - Gemälde von Jan Matejko in den vatikanischen Museen über die Siegesbotschaft Jan Sobienskis an den Papst.
  - https://alchetron.com/Marco-d'Aviano

- Zu Ein Degen für die Madonna
  - Karl Borromäus, Kunstkopie.de
  - Leben des heiligen Ignatius von Albert Chevallier-Tayler
  - Ignatius von Loyola, Jusepe de Ribera (1591-1652)
  - Petrus Canisius, Freiburg (Schweiz), College Saint-Michel

- Zu Eine schöne Dame verrät ihren Namen
  - httpwww.pilgerbuero-pfalz-lourdes.de
  - httpwww.catholicherald.co.uknews20130416
  - Bernardette Soubirous_web
  - Sisters of Charity Nevers
  - http://truthhimself.blogspot.co.il/2012_02_01_archive.Html
  - Catholic Net

- Zu Eine atheistische Regierung kapituliert vor drei Hirtenkindern
  - Reuters
  - https://www.radiomaria.ch/de/sonnenwunder-fatima
  - Agência Ecclesia 13 de Fevereiro de 2015
  - Louisa Fleckenstein

- ttpswww.katholisch.ataktuelles20170512fatima-einer-der-meistbesuchten-wallfahrtsorte-der-welt

- Zu Ein Papst beeinflusst das Denken des kommunistischen Parteichefs
  - https://www.presseportal.de/pm/105413/3184068
  - https://www.focus.de/fotos/im-mai-1981-erholte-sich-der-papst-nach-dem-attentat-auf-ihn-in-der_mid_69474.html
  - http://www.totus2us.com/universal/vatican/pope-st-john-paul-ii/
  - https://www.portugal-reiseinfo.de/fatima/fatima-papst/
  - DPA
  - Bischof P. Paulhttpclericalwhispers.blogspot.co.il201108john-paul-iis-right-hand-man.html
  - L'Osservatore Romano
  - httpsnit.ptout-of-townback-in-townmedidas-seguranca-papa-fatima
  - Ullstein
  - AP
  - Bundesarchiv, Bild
  - tvthek.orf.at

- Zu „Gebetssturm" gegen eine Besatzungsmacht
  - APA
  - Imagno picturedesk.com
  - Betendes Gottesvolk

- Zu DIE FRAU ALLER VÖLKER
  - Familie Mariens
  - Louisa Fleckenstein
- Zu EIN SCHWERT VERWANDELT SICH IN DEN ROSENKRANZ
  - AFP
  - Kirche in Not
- Zu DER SIEG AM ENDE DER ZEITEN HAT SCHON BEGONNEN
  - missio Mirkis
  - ANDINA/Prensa Presidencia
  - KIRCHE IN NOT
  - http://religion.orf.at/stories/2778174/

Quellenangaben

- Johann Auer, Unter deinen Schutz und Schirm. Das älteste Mariengebet der Kirche. Leutesdorf 1996
- https://de.wikipedia.org/wiki/Rosenkranz
- http://rosenkranzbeten.info/rosenkranzbeten/die-clausulae-des-dominikus-von-preussen/
- Die schönsten Mariengeschichten (von Pfarrer Karl Maria Harrer)
- „Maria Regina" Nr. 11, 1952
- You-Magazin 5/2016
- PUR magazin 10/2016
- https://de.wikipedia.org/wiki/Seeschlacht_von_Lepanto
- KATHOLISCHES MAGAZIN FÜR KIRCHE UND KULTUR, 9. Oktober 2014
- http://immaculata.ch/archiv/guadalupe1.htm
- http://younggerman.de/index.php/2015/06/26/1683-die-tuerken-vor-den-toren-wiens/
- http://www.museeprotestant.org/de/notice/die-katholische-reform-oder-gegenreformation/

- https://www.heiligenlexikon.de/BiographienK/Karl_Carlo_Borromaeus.htm
- http://kath-zdw.ch/maria/la.salette.html
- Ökumenisches Heiligenlexikon
- http://www.zeit.de/2008/06/A-Lourdes
- https://de.lourdes-france.org/vertiefen/die-botschaft-von-lourdes
- http://www.kathpedia.com/index.php?title=Lourdes
- Vision 2000, 2012/2
- http://www.marypages.com/fatimaDeutsch.htm
- L. Gonzaga da Fonseca: *Maria spricht zur Welt.* Innsbruck-Wien-München 1963
- Kilian Lechner: *Pilgerwege Fátima – Pilgerwegsführer,* , Bamberg
- Fatima Weltapostolat
- Andreas J. Fuhs, Fatima und der Friede ,1983.
- D. u. W. Koch, Konrad Adenauer – der Katholik und sein Europa, 2013
- https://kurier.at/
- VISION 2000, 4/2005
- Hilde Firtel: *Vorbeter für Millionen. P. Petrus Pavlicek OFM,* Mödling 1990

- Birgit Mosser-Schuöcker (Autor), Leopold Figl. Der Glaube an Österreich Gebundene Ausgabe, 2015
- http://www.rsk-ma.at/ueberuns/geschichte
- http://www.de-vrouwe.info/de
- http://www.familiemariens.org/html/de/index.html
- Die Botschaften der Frau aller Völker, Jestetten, 2004
- kath.net, 22 April 2015
- http://missio-blog.de/land/missio/
- http://infocatolica.com/?t=noticia&cod=27618
- CNA/EWTN News Oct 25, 2016
- The Cathwalk – Das Onlinemagazin für katholische Lebensart
- Kirche in Not

Der Autor

Karl-Heinz Fleckenstein, geboren in Krombach bei Aschaffenburg (Deutschland), studierte katholische Theologie in Würzburg und München und arbeitete als Chefredakteur der deutschsprachigen Ausgabe der internationalen Monatszeitschrift NEUE STADT.

Im Jahre 1981 übersiedelte er nach Jerusalem. Er ist mit Louisa Fleckenstein, geb. Hazboun, verheiratet. Sie haben drei Kinder.

Fleckenstein absolvierte eine Fachausbildung am Institut STUDIUM BIBLICUM FRANCISCANUM in

Jerusalem in Biblischer Theologie und Christliche Archäologie mit dem Erwerb des Masters.

Nach seiner Dissertation in Biblischer Theologie an der Lateran-Universität in Rom arbeitet er aktuell als freier Schriftsteller, Journalist und zusammen mit seiner Frau Louisa als Reiseleiter für Pilgergruppen im Heiligen Land.

Von 2001-2005 war er ebenfalls mit Louisa Gesamtkoordinator und Ausgräber für das archäologische Ausgrabungsprojekt Emmaus-Nicopolis tätig.